如何擺脫「不幸人生」

論何謂詛咒

Ryuho Okawa
大川隆法

台灣幸福科學出版有限公司

目錄

第2章 自我與自己，以及反省
——克服因「欲望」所產生的痛苦——……89

二〇一八年一月四日 說法
於幸福科學特別說法堂

前言

在宗教當中，詛咒是一個很單純的主題。然而，隨著社會變得越來越便利，人們也逐漸變得不理解何謂「詛咒」。

早在學生時期的學業競爭、戀愛、期盼他人對自己的待遇上，都會產生「詛咒」。

變成了大人之後，在世間的各種政治運動當中，「應消除貧富差距」、「新自由主義是錯誤的」、「應對富裕階級課以更多的稅金」、「應推行現代貨幣理論，也就是要採用撒幣政策」等等作為，這些由人們所制定的各種政策當中，都確實包含著現代的「詛咒」。

「共產主義」的出現，這本身即是一個詛咒。另一方面，被人們認為是歸類於「自由主義」底下的媒體民主主義，亦充滿了詛咒。對此，光是看報紙的廣告便能清楚得知了。希望各位透過本書，確實地學習其背後的宗教真相。

二〇二三年　八月二十三日

幸福科學集團創立者兼總裁　大川隆法

第1章

論何謂詛咒

——免於災厄、不幸的方法——

二〇二三年一月二十八日　說法

於幸福科學特別說法堂

1 亦存在於現代的詛咒之真實樣貌

嫉妒也被歸類在「詛咒」的領域？

本章的標題稍微有些特殊，但是針對「論何謂詛咒」，我有許多想要訴說的內容。為了避免講述過於艱深的內容，我先從緒論程度的內容切入。

《「迴咒」的作戰方法》、《生靈論》等相關書籍皆已經出版，所以本章的部分內容會引用自這兩本書。

雖然難以判斷這是好事還是壞事，但是世間也有一股「鬼的風潮」，出現了一些相關漫畫與動畫。

而在「鬼的風潮」之前，還盛行過「妖怪風潮」，像是「妖怪手錶」，當中就有出現妖怪。另外雖然難以界定，但我認為「神奇寶貝」似乎也是一種妖怪。

鬼、妖怪、生靈等等存在，時常在電視劇當中亮相。

另外，人們也製作了許多關於「詛咒」的作品。

其實，預計於今年（二〇二二年）秋天上映的幸福科學電影《迴咒師—塩子的誕生》（製作總監‧原作 大川隆法，企劃 大川紫央），已經於去年（二〇二一年）的十一月還是十二月殺青。我在昨天拿到了毛片，也就是「僅是將拍攝好的片段，先大致編輯成約兩小時長度」的影片，所以昨晚花了一點時間觀看。

毛片當中雖然有插入我所製作的樂曲，但尚未放入背景音樂，也仍未製作電腦特效，所以林林總總至少還需要半年以上的製作時間。

因為事前得知毛片是預計晚上才能拿到，所以作為預習，我在昨天上午先觀看了目前正在上映的「咒術迴戰」動畫電影（《劇場版　咒術迴戰0》）。

「咒術迴戰」系列有漫畫、分集動畫以及電影。然而，無論閱讀還是觀看其相關作品，內容都未明確說明何謂詛咒。在缺乏對詛咒的說明之下，就只像是在看「妖怪大戰」一樣。電影中出現了許多「變形的奇異生物」在激烈對戰中分出勝負，但卻無從知曉其戰鬥跟詛咒有何關係。

本會的電影放入了不少可以學習的知識，並描繪了關於「迴咒」的實踐。主角「塩子」，一個擁有特殊能力的超級靈能者。她的拿手絕招便是施行「迴咒的祕法」，將那些靈性影響反擊回去。我想電影當中，多少有些能夠讓觀眾學習的地方。

然而，有些人對於詛咒還是不甚了解，或者是說，在次文化蔚為風潮之下，有些人能夠對詛咒有所「感知」，抑或是也有想進一步了解何謂詛咒的人們吧。

即便不是幸福科學的信眾或會員，也有人會向本會的職員詢問：「我好像被什麼東西給詛咒了，如果你手邊有一些相關書籍，希望能夠提供給我。」而本會職員也會如實地提供書籍給對方，我想職員們大概是提供給對方《「迴咒」的作戰方法》或《生靈論》之類的書籍吧。

所謂的詛咒，是非常難以釐清其原因的。

但是我曾在某個電視節目中，看到劇組人員為了取材，拜訪了位在日本高知縣的一位號稱自己是「陰陽師」的老先生。老先生一派輕鬆地說道：「說到底，那就是嫉妒啊！詛咒這種東西就是出自於嫉妒啊！」見此，讓我不禁感嘆：「哇，此人真的了解啊！」

如果過於艱澀地解釋何謂詛咒，會令人難以理解。但若是要簡單說明，事實確實如這位老先生所言。

在人類社會中，難免會出現優劣之分與階級差異。此外，自己未能變成自身心中理想的樣貌，但他人卻先做到了；自己想要擁有的事物，他人卻已經擁有了，想必有眾多諸如此類之事。看到有人能夠直接地說出：「對這類事情所興起的嫉妒心，正是詛咒的源頭、詛咒發生的主要原因。」對此，我很佩服有人生閱歷的人，能輕易地說出如此道理。

這個世界是一個競爭的社會。或許現在不適合使用「競爭」一詞，若是換個說法，可以說現代是一個「貧富差距日益過大的社會」。人們抱持著嫉妒心，一心想要超越跑在前方之人。也有人認為「當嫉妒心化為外在行動時，他人固然會有所察覺，但只是在心中想的話，別人是不會知道的吧」。

「我這麼想有什麼不對」、「此人會被嫉妒是理所當然的吧」、「此人的成績那麼好，當然會被嫉妒啊」、「去那麼好的學校，鐵定會被嫉妒啊」、「那樣的美人胚子，被嫉妒不是應該的嗎」。諸如此類，人們心中會出現許多妒念。

「只是放在心中的想法，不構成任何犯罪吧」，人們可能普遍會有如此想法，但如果是站在宗教的立場，其實「心中的想法就等同於實際付諸行動」。如此心念就宛如實際打電話一般，對方會如實地感受到或聽聞到其心念。

例如，從手機傳送「去死、去死、去死、去死」的訊息給對方，那麼這就會成為世間的證據，充分構成恐嚇罪或相關犯罪。但是在世間的現實面，即便心中有著「去死、去死、去死、去死」的想法，若沒有留下確實的證據，那麼警察也無可奈何。

然而，實際上如此心念確實會發揮影響。如果你和對方有某種相對關係的話，就有可能會讓對方產生頗為顯著的影響，亦有可能影響不大而被直接彈開，實際上有著各種可能性。

先前說到的是嫉妒，事實上「貪、瞋、癡、慢、疑、惡見」這些全都可以作為詛咒的發生源頭。六大煩惱全部都與詛咒有關，但當中原因還是以「嫉妒」為主。

首先，在與他人比較之後會出現「羨慕之情」，在這個階段還不構成詛咒。但當「羨慕之情」轉變為「憎恨」，甚至最後演變為「希望對方消失」或是「希望對方去死」的地步，那就已經完全進入「詛咒的領域」。

「詛咒之力」在物理現象化後能夠引發「身體異變」

至今我所見識到的詛咒的恐怖之處在於，有時被詛咒之人真的會出現譬如掉髮、圓形禿的現象。我甚至專門為此降下了祈願（參照《凡事徹底與人生問題的克服》（幸福科學出版發行））。

女性若是因為受到其他女性的嫉妒，因而掉髮產生圓形禿的話，那麼此人勢必會對未來感到恐慌，害怕自己是否會變成如日本怪談中的阿岩小姐一樣。光是在我所知道的範圍內，就已經有好幾個案例，所以這實在是很令人感到恐怖。

此外，有時詛咒所產生的現象亦會出現在小孩身上，這並非是因為小孩嫉妒其他小孩而發生。而是當有人羨慕其他人能夠結婚生子時，其羨慕之情可能會轉變為嫉妒心投射在小孩身上。

即便自己已經長大成人，但因為心態與年齡不相符，還抱持著如孩童般的心情，好比「我也好想被那樣寵愛喔」，或是「好想被周遭人們所重視喔」的想法。如果持續發送如此心念，那麼他人的小孩就有可能遭受到物理現象化的心念所侵擾，進而產生掉髮的現象。

另外，今年秋天上映的電影《迴咒師－塩子的誕生》當中，有一段脖子上出現「詛咒的手印掐痕」的橋段，其實這是我在此處（特別說法堂）講述法話時，所發生的真實事件（參照《「迴咒」的作戰方法》）。

當時有在特別說法堂聆聽我講述法話的人，應該就會明白我所說的內容。那時，有一位聽眾突然「砰」地一聲橫倒在地面上後被抬至走廊。由於我當時仍在說法，所以對此無法做出反應，但在場其他聽眾們機靈地馬上將此人抬至走廊。隨後，另外兩位趕到現場的職員，看到此人脖子上的掐痕後便說：「這應該是某個人的生靈吧？」話才剛講完，脖子上的掐痕便消失了。

待在宗務本部當中，大家大多都會具備某種靈性感應能力，一看到那個掐痕之後，就大概知道那是某人的生靈在作祟。在他們識破其真面目之後，那個痕跡就消失了，也就是說，被拆穿就沒戲唱了。推論是因為被識破之後，會被說是「在做壞事」，且會被總裁先生斥責的關係，所以該生靈才會在被逮住之前趕緊逃跑吧。

如此事件也被作為電影的題材之一。這畢竟是實際發生的案例，所以屆時在電影上映時，還請各位仔細觀看其內容。

除此之外，也有許多異變。像是如《生靈論》當中所描述的，遭到生靈攻擊時，手臂可能會抬不起來或是感到疼痛，抑或是手指可能會無法彎曲。現在我並沒有受到生靈攻擊，但宗務本部的男性幹部時常反應「生靈總是攻擊自己的左肩」或是「某個部位好痛」等等。我想這大概是「被攻擊了」吧，但因為其現象沒有好轉，所以要擊退生靈並非易事。

根據我近年來的觀察，當身體左側出現異變時，通常大多是「女性生靈」或「女性的心念」在作祟；當身體右側出現異變時，大多是「男性生靈」或「男性的心念」在攻擊。但有時也會有更具侵略性的情況。

就像這樣，一個人之所以會生病，也有不少情況是受到「他人的意念」，或者是「他人的守護靈與表面意識合為一體的產物」所影響，而這其實就是所謂的生靈。不過，有時不只是生靈，就如同「咒術迴戰」中的情節，也會有「亡靈」、「死者的靈魂」摻雜在一起的情形。當被附身的人抱持著與亡靈相同的心境，就有可能同時被亡靈與生靈附身，那麼情況就會相當棘手。

此外，當附身狀況持續了很長一段時間，可能還會出現「更大的東西」。那當中包含我們所說的「裏側」世界的各種妖怪，像是狐狸等等。根據狐狸的個體差異，其尾巴數量會有一到九條的區分，而依據尾巴數量的不同，也會有靈力上的差異。會攻擊被附身之人的不僅是狐狸，還會有其他各種妖怪，像是天狗、妖怪、仙人、鬼等等。

而鬼依種類不同也有所區分。

本會所使用的鬼，其身分就相當於閻魔大王的執行官，也類似於世間的檢察官或警察，是為了懲罰作惡多端的人們的鬼。

相較於此，那些「吃人」、「殺害大量人類」的殺人鬼，則會被送到所謂的「地獄」，且時至今日依舊在為非作歹。

鬼有分為如「鬼島的鬼」、「殺人鬼」那般幹盡壞事，如同海盜一般從事燒殺擄掠的鬼，也有足以成為真正的光明天使，將犯下過錯的人送至地獄中進行反省的鬼（參照《鬼學入門》、《鬼的研究》）。關於這部分，「鬼滅之刃」就沒有明確描述，作者似乎認為人類與鬼是不同的。

如果用「鬼滅之刃」的漫畫內容來比喻的話，本會所使用的「赤鬼、青鬼」，其立場比較偏向漫畫中與鬼進行戰鬥的鬼殺隊「柱」，所以實際上鬼跟人是一樣的。

因為兩邊的鬼都在進行戰鬥，所以乍看或許有相似之處。雙方就像在運用拳擊、踢擊、柔道、空手道、功夫等進行戰鬥一般，所以看起來沒有兩樣。但是，是否有正義感，是否有職稱，從這一點便能區分出「正義的鬼」與「被追捕的鬼」，兩者有著如此差異。

不過，現在世間興起的這股潮流，應能夠成為認識靈界的一個機緣，且有些人應該會對靈界有著更進一步的關心與興趣。

在市面上的眾多作品中，我的書籍已經流通了好幾十年，所以對於靈界有興趣的人們，應該已經閱讀了不少我的書籍。從這層意義上來說，我作為「本家」，理應對如此領域發表意見才行。

2 競爭社會中難以拿捏的「嫉妒心」

該如何拿捏成為詛咒原因的「嫉妒心」

在此，我想針對詛咒進行說明。

首先，人身處在這世間，難免會產生嫉妒心。會產生嫉妒的心情是在所難免，但其分量的拿捏需要注意。

松下幸之助先生曾經說過：「所謂嫉妒，只要烤成大概如狐狸毛色一般的棕色即可。」稍微烤到上點顏色，如狐狸毛色一般就好。但如果將嫉妒心烤到焦黑，那麼就如同食物烤焦無法吃下肚一般，其嫉妒心已經完全轉變為「惡」了。也就是說，自己的心已經朝向了地獄。

如果只是「恰到好處的嫉妒」，那麼就有助於讓心中興起「我也得加把勁，加入競爭的行列」、「還得更嶄露頭角才行」、「得要更努力學習」、「得要努力變得更有魅力」等良性態度。但是當嫉妒心過頭了，變得「焦黑」了，那會變得怎麼樣呢？當油豆腐皮炸過頭變得焦黑時，相信就連狐狸也不願意吃了，而且也無法做成豆皮壽司。嫉妒心的拿捏實在是很不容易的。

我曾說過「在覺悟之前的起步階段，自己曾經煩惱於應該要如何控制自身的嫉妒心」（參照《我的人生論》等），但對於最近才剛剛加入本會的年輕人而言，這樣的想法可能過於遙遠，應該無法讓這些人理解。

人們可能認為，對於人來說，嫉妒心是理所當然會出現的情緒。的確，如果對方的程度跟自己相差無幾，嫉妒心能讓對方興起膽怯之心，或是抑制對方的自我表現欲。

此外，媒體或記者的工作邏輯，也大多是出自於「嫉妒的原理」。所以若是完全禁止嫉妒心的產生，那麼他們就會因為失去工作而感到低落吧。對於那些突出、受到恩賜或是受他人所羨慕的人，若是能夠抨擊其弱點或失敗的話，那麼對於他人來說，或許心情會變得爽快一些。

這部分如果沒有週刊雜誌代勞的話，那麼人們個別在網路上謾罵他人的情況還會再更嚴重吧。更甚者，還會像在過去的時代，出現跟蹤狂或寄給對方恐嚇信的情形。

這部分嫉妒心的拿捏相當困難，畢竟如果讓嫉妒心完全消失，這個世界會變成一個「沒有競爭的世界」。

從職棒選手・大谷翔平或職業棋士・藤井聰太身上所看到的與「詛咒」的戰鬥

現在社會中有著「弭平貧富差距」的論點，這當然有其好的一面，但走錯一步就會引發「嫉妒的原理」，變得跟馬克思主義一模一樣。

確實是如此吧。譬如，有個人致力於賺錢並積攢了一兆日圓，那麼此人對如此政策必定會難以接受。日本國民一生的平均存款金額為一千數百萬日圓，也就是說，若是政府沒收了此人剩餘的九千數百億日圓，並將其平均分配給所有人，乍看之下，這有助於提升民眾對政府的滿意度，也看似很平等。但是，要存下一兆日圓可是需要非同小可的努力。如果最終演變為完全不認同如此努力的社會，所有人都是在坐等不勞而獲的話，這種社會並非是良好的社會。

要成為能夠賺得如此龐大金額的人，傳統的方式是在學校課業或是其他領域上得到突出成績，憑此考上好學校並踏上出人頭地之路，最終取得地位與收入。除此之外，還有在運動方面留下讓人稱羨成績的途徑。

好比說在甲子園中獲勝，或是即便沒有獲勝，但如果能夠成為第一投手、第一打者、第一捕手的話，順利一點還能得到來自職棒球隊以「億」為單位的簽約金，且往後的收入也會變得很高。這類事情也會大大地引發他人的嫉妒。

但是，還是要看是什麼對象。

例如，舉職棒的例子來說，在二〇二一年的美國大聯盟賽季，一位日本選手大谷翔平，不僅在全壘打數上爭奪第一，作為投手也拿下了相當高的勝率。如此「二刀流」的選手，不光是成為了王牌投手，還躋身聯盟頂尖水準的打者，這是相當難以達成的成就，他也被譽為是繼貝比．魯斯之後的第一人，可以想見他的收入也是相當可觀。像他這樣的選手，即便被其他較為平庸的選手所嫉妒，也會因其自身的強大光芒，將那些嫉妒反彈回去，讓那些發出嫉妒的選手們遭到反噬，而變得更加黯淡。

在將棋界當中則是有一位即將滿二十歲的棋手，已經站上該領域頂點。他本來在一位八段的師父底下進行修行，但後來棋藝超越師父，並獲得各種棋界的頭銜。我想這也是一個競爭非常激烈的世界，且相信他也受到了不少人的嫉妒。

雖說他得到了來自他人的讚賞，但給予他讚賞的幾乎都是將棋界的粉絲，或是以宏觀的視野去看待他帶動「整個將棋界氣氛」的人，幾乎都是跟自己較無直接關係的人給予了稱讚。但看在其他職業棋士的眼裡，應該會心生「不，我才不想誇獎他呢」的心情，又或許有人會抱著「那傢伙能不能早點死啊」的想法。甚至，有人還會抱持著「你也快到此為止了」、「二十五歲時就會開始走下坡了吧」的心念詛咒他。所以他也必須把這些惡念反彈回去才行。

藤井聰太至今已經豪奪好幾冠，目前正朝著第五冠奮鬥，雖說不知結果會如何（收錄當下為五冠），但據他所說，在重大棋賽前，他會反覆觀看李小龍的電影《龍爭虎鬥》，試著將內容刻劃在心中。

李小龍在戰鬥前會先喊一聲「啊嗷！」我心想：「哇，將棋搭配《龍爭虎鬥》啊，這麼亢奮沒問題嗎？」但對方會以強力的念力迎戰，況且當自身實力越是高強，身邊出現的敵人就會變得越多，其他對手也都是抱持著「豈能輸給你」的心情交戰。所以在下棋時終究還是得投入像格鬥技般的氣勢，以類似李小龍的方式作戰。我想也是有如此一面。

通常對方的實力高出自己許多，那麼即便向對方發出詛咒也會打回自己身上。不過更為遺憾的是，與其說是被打回來，不如說是自己的詛咒會原封不動地直接彈回到自身，所以其詛咒是不具任何效力。但如果是旗鼓相當的對手，所發出的詛咒便會一點一點地發揮效力。

有時還會有人情的牽掛，譬如「這場對方要是輸了，他的排名就會下滑」、「對方要是輸了，他會從A級掉到B級，或是從B級掉到C級」、「聽說對方這場要是輸了，就得離婚」等等，有時會得知各種諸如此類的資訊。

這其實是相當折騰人的。畢竟雖然在人情上面有其難處，但是作為工作來說，非贏不可，所以最終還是得全力迎戰才行。

3 通往詛咒的「短距離衝刺」想法

太拘泥短期競爭的學生所引發的事件

舉一個近期的例子，最近發生了兩起與考試相關的事件。

一個是一名宣稱「一年後我想考進東大理三」的名古屋高二學生所引起的事件。他年齡僅十七歲，所以不知道其名字與長相，不過他因為成績下滑而心生不滿離家出走，行蹤變得不明，他的家長也向警方報案。他在離家前往東京之後，在東大的大門前，持刀刺向兩名考生，甚至還刺向另一名老年人。此外，他似乎還買汽油在幾處縱火，並說著「我也想死」。

即便入學考試的競爭激烈，但參加考試的考生們，並非每一位都是將東大理三設為目標，所以當遭刺的考生其志向不在該科系時，那實在是很無辜。後來得知遭刺的考生是千葉人，且該名老人也與考試完全無關。

我固然明白成績下滑會產生焦躁之心，但即便他高中被分配在成績優秀的班級，且說著「自己想進東大最頂尖的科系」，不過要是持刀刺向他人，那不用說能夠繼續升學，高中還會被退學，大學也沒得讀了。既然知道如此事實，為何還要做出這種完全與目標相違背的事情呢？這是我心中單純的疑問。

如果是住在稍微鄉下一點，並且有閱讀地方報紙的高中生的話，至少會知道做出這種事會造成何種問題，並且會使自身喪失往後的人生。即便平常沒有閱讀報紙，時不時地瞥見刊登在報紙上週刊雜誌的廣告的話，也會大概會知道如此行徑的下場。但如此事情並不會出現在考題當中，如果是有正式學習過憲法與刑法的人，便會知道那般行徑會觸犯何種法條。但是沒有學習過的人，因為本身不理解法條，所以便容易感情用事、自暴自棄。若要說這是「詛咒」，這確實可以說是「詛咒」，那些受到牽連的人們實在很可憐，太遺憾了。

日本每年大學考生有幾十萬人，現實中有許多人即便想要考進東大理三，但由於成績不夠好，所以打從一開始就放棄了。其實絕大多數人連「想」都沒想過要考進東大理三，那些「心想著要考進東大」的人，就代表其成績已經有相當的程度，光是這樣就已經很厲害了。大多數人都放棄要考進東大，因為還有其他很多學校可以選擇，只要能考上其他學校就行了。

即便不去東大，但其他像是名古屋大學、大阪大學、九州大學等國立大學也都有醫學系，某些私立大學也都有醫學系，就算沒有錢支付學費，也有獎學金制度，只要試著摸索，一定有路可走。

有人是因為想向他人證明自己的頭腦很好，而去念東大醫學系。但其實他們本身並不適合就讀醫學系，好比說當中有很多人「看到血就會昏倒」。即便因為「擅長數學與英文」而當上醫生，但實際上有很多人不適合成為醫生。

我並不太清楚現在的情況，但在我念書的時代，每年的醫師國家考試，大約有百分之八十的人合格。即便是東大醫學系，一百個人去參加考試，也只有九十人合格，也就是說有十人會落榜。

有很多人在進入大學之後，發現自己終究不適合走醫生這條路，對於這條道路沒那麼多的熱情。有些人或許在擔任家教的過程中，決定自己往後不當醫生，而是要成為公職補習班或升學補習班的老師，也有的人是走上其他道路。可見，即便考進了東大理三，也僅有百分之九十的人會真的成為醫生。

反過來說，如果就讀於慶應大學醫學系的話，報考醫師國考的錄取率將會更高。譬如，灘高中會讓學生報考慶應醫學系與東大理三，並預測當中多少學生會考上慶應醫學系，多少學生會考上東大理三。不過，就讀慶應大學醫學系的學生們，報考醫師國考的合格比率高達百分之九十九。畢竟私立大學的學雜費較國立大學高，勢必得回收成本才行。從以前到現在，國立大學因為學費較便宜，所以會有較多貪玩的學生出現，不過慶應大學的醫師國考合格率高達百分之九十九，比東大還要高。

另外像是德島大學醫學系，說它是「更低一些的學校」的話，可能會遭到撻伐，但是地方大學的醫學系畢業生，報考醫師國考的合格率甚至可以達到百分之百。

合格率百分之百代表的是，一百個人報考，一百個人皆錄取。這已經比東大或是慶應的國考錄取率還要高。雖然在考大學時，東大與慶應比較難考，但是在考國家考試時，反而是地方大學能夠達到百分之百的合格率。

雖說是同樣的測驗，但其結果可以說是起因於策略不同。

畢竟，「如果沒有拚命地念書，結果導致最終醫師國考未能合格的話，那麼去德島大學醫學系也完全失去其意義了」，如此說法確實合理。因為在鄉下難以有出路，所以必須拚命的努力。

此外，也有些私立大學，其學生報考醫師國考的合格率僅約六成左右，我想這又是另外一種辛苦了。

這樣的事情確實存在，有些人過於投入短跑衝刺式的競爭，而導致後期燃燒殆盡，這是很可惜的。

合格並非一切——永無止境地打造自己

另外，新聞也曾報導過，在大學入學考試時，印象中是一位女學生，她在上衣的袖子裡藏入智慧型手機，並用手機將世界史的考題拍下來傳送出去。由於市面上有所謂的線上個人家教服務，於是那名學生以「測試看看家教的實力」為名義，將考試試題傳送給線上的家教們，好讓他們幫忙解答。後來有四位東大生接收到那名女學生的考題，其中兩人在不知情的情況下幫忙解題。

這就是作弊，作弊手法從以前就層出不窮。像是分解鉛筆，從中取出小抄，還有像是假借去廁所，其實是在廁所裡面作弊的手法。將棋比賽中也有案例，有人假借要長思而離席一、兩個小時，但被懷疑是否在廁所用電腦調閱過往紀錄，試著查出「最好的一步」。

「耍詐」不是件好事，終究會為自己帶來最壞的結果。

因此，我固然能夠體會，那些嫉妒成績優秀或合格者的人們的心情，但儘管如此，還是得虛心接受事實才行。

不可思議的是，成績越是優秀或越是秀才的人，就越是容易有自卑感，也越容易受挫，並且會十分在意些微之差。常常可看到國中時成績很好，但上了高中就變得很普通的例子。

畢竟在升學之際，那些善於學習的學生們，會與成績相當的同儕進入同所學校，所以會出現好比說小學時學業很好，但進入國中就變得很普通，或者是國中時成績很優秀，但進高中就變得很平庸的狀況。要不就是在高中時成績很突出，但進大學之後就變成吊車尾。雖說很不可思議，但就是有如此一面。

若是以「短距離衝刺」的策略迎戰，心想「只要先想辦法考上就好」的話，在大考結束後，常常可以看到「燃燒殆盡後就一落千丈」的案例，有許多人的退步幅度甚至讓人感到難以置信。所以必須要抱持「在這個人生當中，短距離衝刺很重要，長跑也是很重要」的心態。

要如何有效地管理心中的「嫉妒」，這在升學考試當中也佔據了重要的一環。

如果是在運動才能上，有著天壤之別的差距的話，那有時也就只能放棄了。牽涉到體能時，先天因素有可能決定了成敗的八成，所以能否成為職業運動選手，和先天的身體素質有很大程度的關係，當然後天的努力也是不可或缺。

但這依據競技項目的不同，也有差異之分。

例如，柔道被認為「體力佔七成，技術佔三成」，劍道則是「體力佔三成，技術佔七成」。也就是說，劍道因為有使用道具，所以訓練成果會如實顯現在實力上。但柔道是以徒手抓住對方，這不同於劍道的「道具運用」。所以在劍道上，只要掌握好技巧，即便身型較小或年齡較大，也仍然能保有堅強的實力。

劍道老師即便到了六十、七十、八十歲，都仍能擁有高段者的實力，而那正是因為有道具可以借助。如果是肉搏戰，終究是年輕有體力的人較具優勢。所以實際上像是柔道，體力層面就佔了相當大的比重。

如此可見，在運動競技上，也有一些相異之處。

但是，到了像是職業網球選手，可以獲得幾十億收入的程度的話，

「先天的身體素質」以及「從兒時開始累積的練習」，這兩個要素就都不可或缺了。另外，也有「給哪一位教練指導」的運氣成分存在。這方面的養成，已經進入了所謂類似於菁英教育、留學等範疇。

因此，年輕時期會經歷各式各樣的競爭，也會有羨慕他人的情感出現。而我在年輕時期，也有許多如此經驗。

如果是進到了一種在社會上很知名，或是世間評價很高的學校、職場，這類環境就越是講求要取得各種證照，於是就會出現「平庸化」的情形。人們會在那般環境中逐漸變得平庸。

例如，即便是通過司法考試，但有的人能夠成為「全勝律師」，也有人總是敗訴。這當中的勝率落差相當可觀，可見即便都是同一個考試的合格者，卻還是會有這樣的差異。

自從日本有了司法研究所之後，成為律師的難度多少有所下降，但在我的年代，司法考試的合格倍率約是六十幾比一，當時的合格者都是平均考九次左右才能通過考試。也就是說，大約在三十歲前後，二十九歲到三十出頭才會考上。在考上之前，則是一直去國考補習班補習，也就是所謂的浪人。

通常重考九次、十次是平均值，在這過程中，精神面會逐漸匱乏。另外因為總是在背誦法條，每年都在反覆做著同樣的考題，所以較難以增加其他社會知識。

其實，即便成為了法律相關工作者，也可能因為缺乏「世間解」，也就是缺乏世間知識，而被市場淘汰。畢竟在與客戶對談過程中，如果對許多事情都不了解，那可是很傷腦筋。

如果有一個律師不看電視、報紙、漫畫、電影，對新聞也一無所知，只是一味地背誦法條，那麼當客戶上門請教時，就會難以回答對方的問題。

好比說，當客戶說道：「我因為嫉妒乃木坂４６的某位成員，心生了『摧毀對方』的想法，而成為了跟蹤狂。」此時律師回應：「乃木坂４６，那是什麼啊？」客戶又答：「啊，你不知道乃木坂嗎？那應該知道ＡＫＢ吧。」不料，律師卻又回：「ＡＫＢ嗎……我以前有聽過小貓俱樂部，但我不知道ＡＫＢ是什麼。」如果律師這樣回應的話，對話應該會就此打住吧。對方恐怕會心想「繼續說下去也是浪費時間」，因而就此中斷對談。那麼對於該律師而言，就等於搞丟了一個案子。

由於有如此可能性，所以即便合格了，也不代表就此沒事，還是需要累積各式各樣的努力。總之，打造自己永無止境。

4　調整心境的第一步為「控制嫉妒心」

嫉妒心可以使人變成地獄的存在，也能使人成為妖怪、鬼、天狗

嫉妒心確實存在於世間，我曾經看過一篇報導，有一個學生在東京讀國中時，學年成績第一名，但進入高中後成績掉到倒數第二名，因而從月台跳軌輕生。因為發生了這樣的事件，學校決定，今後不再公布學年成績位在倒數三分之一或四分之一的學生姓名，或者凡是成績位在某個標準以下的學生，其姓名與排名就不公布。

現任日本首相的母校開成高中，在我們家孩子的求學階段，該校還會公布第一名到第一百名的學生成績排名，並且發送至各處。但後來就不再這麼做了。

可見學校當中也有著激烈的競爭。我還聽說過在學校運動會時，從體育館的休息室冒出火勢。之所以會發生如此事件，應該是因為有人懷抱著恨意，因此學校才逐漸不再公開所有人的成績。

類似於此，如果貧富差距過於懸殊，就會衍生出犯罪，因此，「恨意」與「嫉妒」終究還是相當可怕。

長相也是如此。雖然不至於到變成如「阿岩小姐」一般，但「阿岩小姐」原先應該也是一個美人才對。在一部描繪阿岩小姐的電影中，一個長相貌美的資深藝伎，與一個年輕男子相談甚歡，但後來那個男子勾搭上另一個更年輕的女性之後，那個藝妓便對男子說：「如果你們結婚成為夫妻的話，我就讓你不得好死。」這種事情任誰遇到了都會感到害怕吧。

當美人變成幽靈的那種恐怖，稍微想像一下便足以嚇死人。如果原先並不是那麼漂亮的人變得醜陋，那怨念可能還不會那麼深，但如果原先是美人，卻變得醜陋無比的話，想必其怨念會非常地駭人。

好比對於黑木瞳在電影中所飾演的「阿岩小姐」，我對於其形象感到非常恐懼，其實我是萬分不想觀看那電影，心中滿是「我不想看、我不想看、我不想看」的心情，那真的很驚悚。

人們的心中一旦出現了比較心，這世間就充滿了會讓人興起嫉妒心的因素，所以這部分必須要做好控制才行。即便在這世間並沒有做出觸法的事情，但如果心中總有滿滿嫉妒的話，最終在死去之時，不只會墜入地獄，到了地獄界也依然會持續詛咒他人。

人之所以會詛咒他人，可能是出自於因為被他人殺害，所以決定要化為厲鬼「附身在兇手身上」或「詛咒對方」。對此，我並非無法理解詛咒方的想法，但是「詛咒別人」這件事情本身，只會讓自己的不幸局面變得更加漫長。

如果是個性較為強勢的人遇到如此情形，可能會起了復仇心而殺害他人，但如果是個性較為軟弱的人，就可能會自我了斷卻尋死不成，或是陷在靈界進行反覆自殺的迴圈之中。

所謂的「詛咒」，就是一種希望破壞他人幸福，讓他人陷入不幸的心情。而究其原因，「嫉妒」佔了最大的比例。

因此，關鍵就在於「該如何控制嫉妒心」，這部分牽涉到人性面，所以首先要做的便是「學會控制己心」。嫉妒心可以使人變成各式各樣的地獄界存在，亦會讓人幻化為妖怪、鬼、天狗的樣子，所以真的得好好地調整心境才行。

對於嫉妒，是有加以「祓除」的方法的。想要祓除嫉妒，有對其施以咒術、咒法、儀式的方式，也有將詛咒反彈回去的方法。對此，我還會再詳細說明。

若是遭受到有著強力念力的人詛咒，應該如何處理？

此外，有時會出現「被詛咒同化」的情形。也就是連自己也變得跟嫉妒自己的人相同，甚至出現被惡靈附身的情況。

但這對雙方而言，都不是幸福的事。若是將自己的心打磨得光亮，通常就能將對方的詛咒反彈回去，但有時也會遇上對方有強力念力的情形。

也就是說，念力也有個體差異。有所謂的心念的強度，當對方有著強力的念力，在難以加以祓除的情況下，通常都要委託專家，例如宗教家、神社寺廟當中的神職人員，或是持有法力的高人。

在《咒術迴戰》電影當中，有一間叫「咒術高專」的高等專科學校，當中將咒術能力區分為一級到四級，並且似乎也有準一級，但總之就是區分為大約四個階段。

然而，主角卻是被分類在「特級」，他是在高一時才轉學至咒術高專，卻已經擁有特級的能力。

片尾公布了「主角為何被分類在特級」，但如果我現在劇透了，可能會引起不悅，所以我不能說，不過據說主角是「過去三大怨靈的後代」。雖說在電影中「特級咒術師僅有四人」，但在後半段將會出現「特級對戰特級」的場面。

再說下去可能會引起公憤，所以我就不再透露劇情，但我想說的是「詛咒也有能力之分」。因此，當詛咒了比自己高強的人時，也會有反過來被教訓的情形。

以前我的外公過世時，我因工作忙碌而沒能參加他的葬禮，但我不時地就會想到「外公都已經過世好幾年了，怎麼都沒有來找我呀」、「家人死後通常都會來找我啊，卻都沒有來」，並對此感到不可思議。

直到過了好幾年我親自問外公，他才跟我說：「你上方有個像是東京巨蛋的半球體，導致我看不到你的身影，我也不知道該怎麼聯繫你或接近你。你如果呼喚我的話，我有辦法過去你那邊，但除此之外我無法看見你的身影。」我想那就是宗務本部或教團所打造的防護罩吧。

但是在這個半球體裡，人們仍是有辦法「扔球」打中我，對於內部的人而言，是有可能化為生靈找到我的。

這部分的調整就是困難所在。弟子之間也有競爭，也會有羨慕他人處境的情況發生。但是令人難過的是，弟子的心念如果真的變成了生靈，就會將地位、金錢、異性、名譽等「煩惱」展現於外，或是將「應該透過宗教修行加以控制的執著」原形畢露地展現在外。

透過努力，是有辦法不讓其內在心念顯現在表面意識上，但如果變成了生靈的話，其內心就會露骨地顯露於外。用漫畫或動畫來描繪生靈的話，我想只能用妖魔鬼怪的形象來加以描繪吧。

5 遠離連向詛咒的「嫉妒」的方法

年輕時期的我所恍然大悟的渡部昇一的一段話

總而言之，詛咒基本上就是出自於「嫉妒」。與此相關的便是，「該如何讓自己不要嫉妒他人」，對此我過去也曾講述過幾次。我亦曾經苦惱於自己的嫉妒心，在我的年輕時期，有一次讀到了渡部昇一先生的書籍，書上的內容大概是這麼寫著的。

渡部先生也曾經相當苦惱，至於在苦惱什麼，乃是因為他是在山形縣生長，算是鄉下地方，因此就環境來說，各方面都不如其他地方，相比都市當中的秀才，資訊來源也較為有限。並且，在讀大學之前，他們家的家境都還算不錯，但他進入大學之後，他的父親就因投資失利而敗光家產。由於學校只提供第一名獎學金，所以他就在「唯有拿到第一名才能畢業」的狀態之下，拚命地提升自己的成績。

在他的書中寫道：「那段期間，對於有錢人家的學生，或是擅長讀書的學生，我的心中萌生了恨意，當時要與如此心境對抗，讓自己吃了不少苦頭。」

並且，他還寫道：「基督教的說法當中，與其說嫉妒的相反是愛，不如說是祝福，也就是『祝福』與『誇獎對方』。在某種程度上，我頓悟於這件事情的重要性。」

他書中是這麼寫的，而我也才恍然大悟如此重要的想法。那本書我記得叫做《質感生活的發想》，現在或許已經絕版了。

最終，必須要知道，就算嫉妒他人或憎恨他人，對自己都沒有任何益處。

日本人非常重視「平等性」，所以不喜歡看到他人出頭，若是出現出頭鳥就會予以排擠。反之，如果大家都相同的話，就不會出現任何怨言。

這大概是因為長期以來的農業社會習俗。農業雖然會受天候影響，但僅憑個人努力是無法成事的。因此在追求平等社會的情況下，日本人才會出現如此強烈的「嫉妒心」。但如果人人平等，大家就能夠相處得很好。

日裔人士也有如此特徵。即便是移民到夏威夷的日本人，也會高度重視平等。如果看到有人比他人還要突出，成為了富豪或是出人頭地了，就會有「把人拉下來」的傾向。

這就宛如「桶子當中的螃蟹」一般。當有一隻螃蟹試圖從桶子中爬出去時，其他螃蟹就會用鉗子將其扯下來。出現另一隻試圖爬出去時，牠又會被其他螃蟹拉下去。如此事情會反覆發生，所以不論花多久時間，都沒有任何一隻螃蟹能夠逃出桶子外。

如果爬到桶子口的螃蟹，能夠用牠的鉗子拉下一隻螃蟹一把，等到第二隻螃蟹也爬到桶子口後，第一隻螃蟹再爬出桶子，並且重複如此流程的話，所有螃蟹都可以一起離開桶子才是。但牠們就是不樂見有任何螃蟹，比自己還要早一步踏出那個桶子。

這個故事有點類似芥川龍之介的《蜘蛛之絲》。

佛陀在極樂淨土的蓮池畔漫步時，望向了池中裡面的地獄，發現在「血池地獄」當中，有許多亡者在掙扎著，且其中有一位叫做犍陀多的人正溺水著。

佛陀見到如此光景，心想著：「那個人在世之時，沒有做過任何一件好事，唯獨曾經救過蜘蛛一次。有一次他在走路時，差點踩到蜘蛛，不過隨後就把那隻蜘蛛給救起來了。他曾經做過那麼一件好事，不如就給他一次機會吧。」於是佛陀就從蓮池畔往池中垂降了一根蜘蛛絲。

犍陀多看到一根蜘蛛絲從空中垂下，便緊緊地抓住了那根蜘蛛絲。畢竟是蜘蛛絲，所以難免會認為它是否會斷掉，但那根蜘蛛絲似乎就如蜘蛛人的絲一般，非常地堅韌。

於是，犍陀多開始順著蜘蛛絲往上爬，但途中，當他往下看時，便發現底部也有許多人開始抓著蜘蛛絲往上爬。犍陀多見狀，忍不住就說道：「這是我的！你們快放手！」也就是說，他缺乏了德，只顧著自己獲救就好。

不過，就在他講完那句話的瞬間，蜘蛛絲就斷裂了，所有人都掉回到原本的「血池」。就是這樣一個簡短的故事。最後，故事就以「極樂淨土已接近中午時分，佛陀一如往常地，安靜地走在蓮池畔」作為結尾。

關於這個故事，本會也有將其製作成繪本（《奇蹟村村長的故事～蜘蛛之絲～》）。這就是一種嫉妒，就跟先前提到的「桶子當中的螃蟹」一樣。如果僅是抱持著「自己得救就好」或是「自己得到好處就好」的心態，那麼就會出現如開頭提到的「成為犯罪者的考生」一樣的情況。

相撲選手會嫉妒網球選手嗎？

自己會心生嫉妒的對象，從心理學的角度來說，對方是一個擁有自己最想要成為的樣貌之人，也就是說對方是一個會讓自己心生「我也好想要變成那樣」的人。但對於自己不嚮往的樣子，並不會心生嫉妒。所以要知道的是「人會在自己抱有興趣、關心的領域產生嫉妒心」。

如果自己是那個「想要成為相撲力士」的人，看到有人在相撲比賽拿到連續三次優勝，可能會心想「這哪受的了，他會不會成為大關啊」，但在這世上，到處都是那些不可能去當相撲的人。有百分之九十九點多的人，成為相撲力士的可能性為零。對於那些人而言，誰拿到了連續三次優勝、誰有機會成為大關，這些都毫無所謂。他們只會回個「喔，這樣喔」，頂多像是得知一則新聞的反應罷了。不過對於那些邁向職業相撲力士的人而言，就有可能因此產生嫉妒心。

那麼，如果說到「相撲力士是否會嫉妒拿到網球世界冠軍的人」，我想應該不會嫉妒吧。要成為橫綱的話，體重重一些，身高高一些會較為有利。他們會試著增加體重，並且必須每天舉足踏地，做推力的練習。這些訓練與網球選手的訓練可以說是截然不同，所以，相撲力士應該不會對網球選手產生嫉妒心。

對相撲力士而言，「土俵裡埋有金幣」，這才是相撲之道。「土俵裡埋有金幣，所以在土俵上戰鬥，在土俵上賺錢」，這是力士們所抱持的想法。所以在這層意義上，人不太會對不同領域的事物產生嫉妒心。

對於數學能力非常吃重的專業工作者，或是希望於數學領域任教的人們而言，可能會嫉妒擅長數學的人。但換成是不需使用數學能力的人們，就不會對此感到在意。這部分有著些許微妙之處。

成為財務官僚的人當中，以大學專攻於法律系或是經濟系的人居多，但有時也會出現畢業於理科一類的人，在讀完研究所之後進入大藏省，也就是現在的財務省，在內部擔任評論家的例子。我曾經看到一篇文章上寫著類似處境的人的心聲，上面寫著：「我跟二十個同屆的人一起進入財務省，但是當中幾乎沒有其他畢業自理工科系的人，大概就我一個吧。所以看在我這個理科的人的眼裡，那些『法律系』或『經濟系』的人的數學程度，根本就像是嬰兒程度。他們什麼都不會，只會一些算術程度的數學，但我可是能夠看懂所有統計相關的報表。那些人連這點程度都不理解嗎？文科生真是蠢。」有著這樣一篇文章，但是確實如此。對於精通數理的理科秀才而言，想必心中會產生如此想法。

但是當視角切換到文科生、法律系學生這一側時，他們可能會心想「這傢伙數學雖然很好，但是對法律一竅不通啊」，所以雙方其實是半斤八兩。雙方剛好進入了相同的職場，因而產生了責備對方不足之處的心境。

6 抱持「祝福之心」可以改變人際關係

我是在大約二十歲之際，接受了「祝福他人」的想法。

在這世上比自己優秀的人，實在是太多了。無論是比自己還要會念書、擁有某項特殊才能、長相英俊、家境富裕能夠穿著昂貴的衣服、受女生歡迎，還是精通於邀請異性的技巧等等，我也曾對這番自己所缺乏的事物感到羨慕。

但是渡部昇一先生曾說：「放下嫉妒，選擇祝福吧！並且努力精進，這才會幫助到自己。」所以後來對那些成績優秀的人，我都改為盡量對他們抱持祝福之心。並且讓自己抓到機會就對著對方說「你做的那件事真是厲害」、「這件事情做得真是令人佩服」，或是「你真厲害」等等，我努力讓自己能夠開口誇獎他人。與其選擇拚命地抹除自己的嫉妒心，我選擇了努力提醒自己要祝福他人。

那段時間雖然不好受，不過在經歷那一、兩年不太好受的日子後，發生了不可思議的事情。那些我所給予祝福的人們，即便他們看起來離我有些遙遠，卻主動來找我當朋友。對此，我感到很不可思議，如果嫉妒跟討厭對方的話反而會讓彼此疏遠，但是給予祝福卻會讓對方主動靠過來。

對我而言，有很多「自己並沒有多麼出色，但是朋友都很優秀」的事情，我很多大學時期的同班同學們，在出社會後也都飛黃騰達。他們都遠比我更優秀、更有才華，也更會念書，雖然我不知道他們內心各自的想法，但當我誇獎他們之後，他們卻自己跑過來找我當朋友，對此讓我覺得有些不可思議。

並且，雖然他們當初給予我各種建議，但他們卻在過程中因為牽涉到法律相關事件而淡出，讓我感到「哇，真的很不可思議」。

我在他們準備大考的時候，也會閱讀一些其他領域的書籍，因為我實在是無法壓抑那想吸收知識的渴望。我無法壓抑自己不去閱讀那些增進學養或是思想的書籍，無論怎麼樣都無法做到「只讀法律相關的書」，所以當時我盡量增加自己的學習效率，好讓我能夠閱讀其他書籍。

如此一來，儘管多數時候，那些只閱讀考試用書的人的成績都比我還要好，但因為我抱持著「祝福的心念」，所以那些人也都會願意靠近我，並且所有人都能夠嶄露頭角。

然而，他們當中有不少人，即便出人頭地了，但卻陸續牽涉到一些法律事件。

好比說有其中一位是外交官，但因為他在國外更新護照時，將人妻呼喚到電車月台，當場被當作現行犯逮捕，讓我吃驚於「什麼！那也太傻了吧」。

因為此人是外交官，或許不是法律方面的專家。又或者，即便可能牽涉到國際法，但因為「受限於護照的更新作業」，卻仍心想著「能否見一面」，把人妻叫來月台見面。不料結果出現的卻是「婦人警察」，因此被銬上手銬，他不僅失去外交官資格，也不知道其後續下場如何。

此外，還有一位叫做黑川的人（黑川弘務・前東京高等檢察廳檢察長），最近開始出現在週刊雜誌上，上頭寫著「成為了某間企業的外部董事」（收錄當時）。但是他跟我之間並沒有多熟稔，彼此之間並非那麼了解對方。

只不過，我雖然較晚報考司法考試，但是我從其他人身上間接聽到，他曾經跟其他人提到我的事情，他說「他不可能會落榜」。聽聞於此，我不禁覺得「哇，真是一個好人」。我們倆明明沒有太多交集，他卻說出「唯獨他不可能會落榜」的如此褒獎。

他後來成為了檢察總長的候選人，但因為保護安倍（安倍晉三前首相），而與該職位失之交臂，最終生涯止步於東京高等檢察廳檢察長。題外話，當上檢察總長的人也是我的大學同期生。

因此，當我並沒有嫉妒對方時，對方也會願意說出那番褒獎的話。即便我不算是會念書，但他還是願意說我是「絕對不可能會落榜的人」，對此，即便過了幾十年，我心中還是有著對他的感謝之意。

但他後來因被爆出涉嫌打賭博麻將，雖然僅是兩、三萬日圓的賭注，但還是因此被罰款。這也讓我多少覺得他有些可憐。

但也多虧他，安倍首相才能夠免於牢獄之災。如果換作其他人的話，安倍可能已經入獄了吧。就我所看，如此事件確實已觸犯法條，但是我想他是在替安倍擋箭吧。連法務次官都在護著安倍，特搜部就無法出手了。所以，雖然因此他被當作了惡人，但也算完成了某種使命吧。

當時安倍首相邀請選區的山口縣人士到飯店舉行「賞櫻會」，除了旅費之外，還有住宿費、餐費等，這些費用都讓一般人士全額負擔的話，想必金額不小。所以，主辦者難免會想要稍微補貼一點費用，如此想法不是無法理解。但長久下來之後，犯罪的意識就會越來越淡薄，並且還會告訴自己其他人也是這麼做。

因此，這位無論是戰後還是戰前，都是任期最長的首相，被媒體爆料「為與會人士提供了賞櫻會的費用」、「將學校土地便宜賣給朋友」等內容，為了不讓首相被逮捕，黑川才會挺身打出一記犧牲打吧。

這就好比以前的時代劇，為了保護殿下，家老會切腹一樣。所以如果這就是他貫徹的價值觀，那也就另當別論。那個事件與其說是遵照法律，不如說是內含其他政治因素。

此外，我在《太陽之法》也有提到，我有一個通過司法考試並成為律師的朋友，聽到我說「要去商社」，就不斷叨絮著「你可別這麼做啊」，並且念到一個很煩人的程度。

那個朋友對我說：「所謂的商社，就是『喝、打、買』，如果沒有具備這三項要素就免談。『喝』指的是喝酒，但你不喝酒吧！『打』指的是打麻將等賭博行為，但你不會打麻將吧！『買』指的是買女人，但你也不會做這件事啊！你這三項都做不到，怎麼可能有辦法在商社工作啊！不要去啊！」

並且又對我說：「你去商社太可惜了，你得再考一次司法考試才行。你今年沒通過實在是太奇怪了，但有時就是會發生這種事情，所以你再考一次吧！明年你就再考一次，別去商社了！」都已經到了畢業之

『太陽之法』（台灣幸福科學出版發行）

際，他還是對著我這麼說道。

我想他是一個好人。願意對我說這種不中聽的話，而且又優秀，我想他真的是一個好人。他在在學期間就通過了司法考試，所以真的很優秀。

但是過了幾十年，聽說他在收到客戶的五、六千萬日圓的預付金後，將一部分占為己有。

之後他就因此遭到逮捕，並被取消律師資格。對此，我多少感到有些納悶。律師收到五、六千萬日圓的預付金後，若是將其挪作私用，那肯定會被判定為侵占或背信吧。他不可能會不知道，怎麼還會明知故犯呢？

或許是因為手頭緊，所以心想「借用一時，之後再還就好」，但怎麼會在這種地方摔一跤呢！真的很可惜。

許多通過司法考試的人們，後來都因為牽涉到犯罪而失足，但我想「人生道路上就是會發生諸多事情吧」。當事人固然有過錯，但是因為大意而滑一跤，我認為在這個層面上，或許是受到了詛咒的影響。

7 如何在人生路上不受到詛咒的影響

我被意想不到的人嫉妒

我在創立幸福科學後，推動了各個領域的工作，所以我或許受到了其他宗教家、作家，或其他領域人士的嫉妒。但由於我有樂天的一面，所以並非總是會感受到他人對我的嫉妒。

渡部昇一先生還曾經說過：「如果發現自己被他人所嫉妒了，那就繼續做『對方不喜歡的事情』。如此一來，總有一天，對方勢必會放棄。一個人如果產生了嫉妒心，就會希望對方『不要再做那件事情』或是『不希望對方成為那個形象』。所以當自己持續做著對方所不喜歡的事情，那麼對方可能就會不再嫉妒自己。」

但我比較不會感覺到他人對我的嫉妒，所以都是一如往常地做下去。

但有時也會遇到意想不到的事情。例如，我曾經收錄一位作家叫做野坂昭如的靈言，他曾經得過直木賞（參照《野坂昭如的靈言》〔幸福科學出版〕）。他的年紀比我大上許多，與其說他不在我眼中，不如說是完全不在我視野內，但我並不曉得自己被這般人物所嫉妒。

初期即便我出版了大量的書籍，舉行了多次講演會，媒體卻完全沒有報導相關訊息，讓我心想「是不是給予的刺激不夠呢」。於是在一九九一年，我決定給予社會更大的刺激，打出了《諾斯特拉達姆斯 戰慄的啟示》「初版發行七十萬冊」的廣告。結果那位野坂，就像是以敵人的身分出現在電視上，以「那傢伙是希特勒，是希特勒的轉世」的如此言論抨擊我。

此後我在一次講演中，花了大約一個小時在講述「為何有人無法理解希特勒與耶穌基督的差異」。而他透過螢幕看到我那一個小時的滿腔熱血的言論後，說道「他果然是希特勒」，這也不禁讓我訝異於「原來會被這樣看待啊」。

但是後來他就改口說：「我不會再批判他了。」原因是因為他女兒對他說：「爸爸，你不要再這樣了。對方怎麼看都是神啊！對方是神啊！攻擊神或是嫉妒神的話，絕對會讓你的運勢變差，最後下場也會很慘的。對方是神，所以爸爸你收手吧！」於是乎他才宣布：「我原本是還想繼續抨擊他的，想把那個『希特勒』徹底擊潰，但我決定聽女兒的話就此收手。」在這次風波之後，有一次他說道：「說到底，我就是在嫉妒他吧！我身為直木賞的作者，初版也不過七千本，但他卻打出初版七十萬本的廣告，所以我的心中才會出現怒火吧！我終究是在嫉妒他啊！」他所說的這一番話，讓我留下了相當深刻的印象。

在這次事件的同一時期，有一位同樣獲得直木賞的作家景山民夫，他在成為幸福科學會員之後，提出了與我面談的邀請。面談內容會刊登在雜誌上，但由於我實在很忙，也沒怎麼讀過景山先生的著作，所以心想這樣應該無法進行對談，當時就婉拒了他的邀請。但是在我婉拒之後，對他而言反而成為了一件好事。他對我說：「好險當時您拒絕了。

如果我們進行了對談，變得彷彿彼此是位於同一個層級的話，那我鐵定就是做了一件錯誤的事情。因為您拒絕了我，我才能好好地以信眾的身分追隨您。」他當時對我說了類似如此的話。

總之，曾經發生過這兩件事情。即便是站在同樣立場的人，但是卻會因為人的不同，而使道路出現分歧。

身為宗教家，應該會被許多人從各種領域所嫉妒，但我不怎麼會感受到那些嫉妒的心念。雖然有時看到其他作者的書名，或是書封上的廣告，便會覺得「嗯？這位作者莫非是在跟我一較高下」，但因為我都沒有放在心上，所以都不會受到影響。

雖說要「盡量對他人抱持祝福的心念」，但有時是在自己不知情，彼此沒有見過面的情況下就受到嫉妒。這種情況，必須要「盡可能堅實地保護自己，並盡量完成自己的應做之事」。

當自己變得越來越優秀，與他人之間的距離越拉越大時，那麼他人即便嫉妒自己也是沒有辦法的事。

過於放在心上也是一個問題。譬如，因為聽到被他人說：「那個人雖然是個美人，但一定是因為化妝技術很好，所以才像是美女一樣。」而決定從此不再化妝。或是因為被他人說：「她只是因為穿著美美的衣服才會看起來那麼漂亮吧。那是衣服的功勞，因為穿那個牌子的衣服，才會呈現出那般效果吧。」而決定不再穿那個牌子的衣服。聽到這種評論，固然可以想像會出現如此的防衛本能，但是如果防衛心過了頭的話，也並非好事。

如果認為自己所做的事情是正確的，那就貫徹自己的主張與做法。

不需要如此遷就他人。

不要否定自己的理想樣貌，讓己心朝向天國

前面提到了幾個詛咒的例子，但一個人之所以會詛咒他人，有可能是起因於他人先傷害到了自己。儘管能夠體會人們會因此興起想要復仇之心，但有時也是會有「自己在不知情的情況下，不小心侮辱到他人」的情形，也亦會有「自己受到他人侮辱」的情形，這部分是較為費解之處，所以最為理想的還是盡量不要侮辱或瞧不起他人。

過去，在我剛開始變得有名時，我看到報紙上的一篇報導，提到了跟我差不多時期畢業的一位東大文學系校友，那位同期生有寫書，也

有稍微從事評論家的工作。報紙上寫著他被問到「誰是你大學時期的摯友」，而他回覆「大川隆法」。

但我完全不認識那個人，於是心想「摯友？什麼？我不認識他啊，怎麼會說我是摯友」，後來我做出類似於「我們並非摯友」的回應後，令他相當惱怒。

我怎麼看都不認識他，明明怎麼看都不認識，卻被對方說成是「摯友」。這世上也是有著如此「攀關係式的願望」，可能對方在向他人誇耀之後，變得騎虎難下了也說不定。

因此，即便會有被出其不意的人憎恨的情況發生，但還是不要試圖陷害他人、瞧不起他人、貶低他人為妙。

另外，阿諛奉承或是拍馬屁也不太好，當自己發現他人的優點或是值得學習之處，只要不是謊言的話，誇獎對方或是祝福對方都是好事。

因此，人活在這世間時，確實是有辦法做到不受詛咒所影響的。

當今社會充斥著生靈。

在某種意義上，現在這個網路社會，就像是把生靈的世界具體化呈現出來。每個人都可以發佈各種資訊，並使其擴散在這世間，所以現在是一個可以讓詛咒擴散的狀態。

然而，無論是何種時代，人心的應有之姿都是一樣的。所以，必須盡可能地努力讓己心朝向天國。不僅是要引導他人、協助他人，還要鼓勵自己努力朝向光明的方向才行。

此外，「不要過度在意」也是很重要。當發現己心冒出嫉妒心時，請試著回想我所說的。

所謂的嫉妒，終究是自己在潛在意識中，否定了那個已經是自己所想要成為的樣子的對象。然而，若是自己對此做出了否定，就會連帶抑制了自己成為理想樣貌的可能性。

例如，共產主義者都是如此。如果總是在「批判有錢人」，就無法成為有錢人。正因為內心都是想著「賺大錢的都是惡人」，並且持續地強調如此論述，所以才會永遠無法變得有錢。

總是在批評經營者的人，是無法自己創立公司成為經營者的，也無法獲得成功。對於這點不可不知。

自己嫉妒的對象，都是自己心中理想樣貌的人。如果想要成為那樣子的人，那就要多努力，將目光轉向對方的優點，並盡量效仿對方的優點。此外，對於自己難以企及的事物，可以抱持「也是會有這種事啦」

的想法選擇放棄，或是將心境轉換成「長跑模式」。

本章針對「論何謂詛咒」，講述了大概的序論。我感覺到當今社會充斥著各種詛咒，所以希望各位能夠對此多加留意。同時，今年秋天即將上映的電影（《迴咒師－塩子的誕生》），內容相當不錯，盼望各位對此能有所期待。

第2章

自我與自己，以及反省

——克服因「欲望」所產生的痛苦——

二〇一八年一月四日　說法
於幸福科學特別說法堂

1 佛陀所說的「無我」——其真正的意涵

就佛教來說，本章所述屬於「基本中的基本」，可謂是「初步的內容」。

意外的是，我感覺到有許多人，學習了許多艱深的教義，卻忘記了基本的道理，或是未能充分理解，因此我會盡量不使用艱深的詞語，並且盼望盡可能將「佛教希望教導世人的想法，以及佛陀思想中的基本論述」傳達給各位知道。

在本會的佛教教學日漸發展之下，其內容變得越來越複雜艱深，好像在準備考試一般。在各位學習的過程中，或許會漸漸忘卻自己當初為何要學習佛教知識，所以我必須要回歸原點，反覆講述與「心的問題」有著重要關係的教義，讓人們能更為容易地理解。

首先，本章的章名是「自我與自己，以及反省」。然而，「自我與自己」是個相當大的課題，也是個讓眾多佛教學者與宗教學者栽跟斗的地方。

此現象不只發生在現代，在西元前就已是如此。佛陀涅槃之後，不消多久，佛教教團就開始分化成各個派系，當中有一個非常具哲學性思考的團體，卻早早在這一觀點出現了分歧。此外，進入西元之後的時代，令人意外的是，在這兩千年間，未能理解此內容的團體佔多數。

而讓人們接連誤解的教義，正是「無我」這一個概念，也是佛教的其中一個特徵，也就是「將我消去」或「我不存在」。

佛教會使用「無我」一詞，但關於這個「無我」，佛陀在世之時，佛陀對此的理解，相較於後世弟子或佛教學者的理解，卻有著相當大的乖離。

佛陀所說的「無我」，想表達的是「切勿自私」、「切勿以自我為中心的想法活於世間」。總之就是不要一味地主張「我怎麼樣、我怎麼樣」。佛陀想要講述的是這個才對。

而「自我」一詞，若是在印度，會使用「ātman」，而「無我」一詞，則是會使用「anātman」。「ātman」加上「an」成為了「anātman」，就會有「自我的否定」之意，也就是「無我」。而歸根究底，這也能夠以「否定『自我的存在』」來詮釋。

「ātman」與「自我」，如果以不同方式詮釋的話，也有「魂」或是「靈魂」之意。因此也有人們將「佛教講述『anātman』的教義」曲解為「佛陀在否定靈魂」。

因此，出現了許多為「靈魂是否存在」爭長論短的人們。到了現代，人們對此仍在爭論。對於未曾經歷過靈魂體驗、靈性體驗的人們來說，這確實是個需要討論的議題，或許還將其作為抽象的哲理問題。但是，對於實際經歷過靈性體驗之人來說，「靈魂存在」是個無庸置疑的論點。

因此，如果人們認為「兩千五、六百年前，釋尊作為佛教開山始祖，樹立了『靈魂不存在』的教義，並流傳了兩千五百年以上」，那是相當愚蠢的。

如果佛陀講述的是這種教義，那麼當今任何一個人，凡感受不到宗教事物的人，或是未能在家庭中接觸到宗教觀點的人，本就理所當然地認為靈魂不存在。無論是學校老師、公務員，或是醫生，皆會本能地認為：「生命止於死亡之時。肉體就是人的一切。從未有人見識過靈魂。」

如此一來，就變相地等同於「幾乎所有人，在現代都成為了佛陀」，但怎麼可能是如此，怎麼可能普羅大眾皆已悟道。

如果這思想屬實的話，那就等於「兩千五、六百年前極為原始的人們，佛陀對那些極為原始的人們傳述了當今的唯物論思想，而這就是佛陀的偉大覺悟」，也可以用「人死後，生命就會結束」一言以蔽之。

確實，對醫院來說，醫護人員的工作在病人死去後就會告一段落。

病人死後，接手的將是殯葬業者，等到和尚誦經完畢後，移至火葬場或進行埋葬。但是，如果佛陀的覺悟真是這點程度的話，那麼與一般人的感受、思想可就相差無幾。

然而，從古代到中世紀，日本人皆肯定靈魂的存在，而日本以外的國家亦是如此。中國、印度的人們也都對眼所不見之物有所認識。

但到了近現代後，人們卻逐漸看不見、不理解、感受不到靈性事物，並開始認為「否定靈魂存在」是理所當然。所以不該說近現代的發展促使了人類的開悟，而應該說人們變得看不見也不理解靈性事物了。

現代，物質生活變得豐足，各面向都日趨便利。但其反面來看就是，人們的心思被物質生活擄掠，失去對靈性事物的感知與理解。我認為人們忽略了「應該耕耘己心」。

2 實際上亦橫行於現代的「詛咒」

在陰陽師存在的平安時代，「詛咒」視同犯罪

日本平安時代相當盛行「怨靈信仰」。由於內人有研究怨靈、詛咒相關事物，所以我有稍微向她請教。據她所說，相關書籍上寫著「在平安時代初期，詛咒他人並試圖咒殺他人亦屬於犯罪行為」。

另外書上也寫著「倘若咒殺他人，將會構成死刑，即便未遂，也會被懲戒服刑」。

因為當時屬於「相信『詛咒真實存在，並等同實體』」的世界，所以詛咒得以構成實際的犯罪行為。

耶穌．基督在《聖經》中說道：「僅是在心中所想，就足以構成罪過。」對此，近代的法律學家難以理解。然而，不僅是巴勒斯坦與以色列一帶抱持這般想法，日本平安時代的法律也明確記載著相似概念。

換句話說，「對他人下詛咒，已然構成實際行動」。而既然「思想即為實際行動」，便與靈界的原理是一致的。也就是說，「抱持邪惡思想試圖加害他人，如此心念事實上已等同於犯罪」。

現實中，於平安時代，有人受到他人的詛咒，因而出現病死、發瘋致死、流產、幼子早夭等各種事故。對此，當時的人們都十分明白，那是受到勁敵或是敵人詛咒所致。

在那個時代，有所謂的「陰陽師」，他們隸屬於「陰陽寮」，相當於現在的國家公務員。陰陽師需要經過正式的篩選，方能以公職人員身分為國家服務。而這類超能力者的其中一項工作，便是保護政府的要員，也就是那些宮中的偉人，甚至連其妻子、小孩等親屬都須一同守護。

當抱持敵意的人，直接手持刀刃斬向宮中的重要人士時，周邊護衛能夠適時展開防衛動作，然而有時也會有防不勝防的情況發生。現實中，有一群人是使用靈性力量，試圖殺害或意圖使人苦於病痛，陰陽師的存在便是為了抵擋如此的惡念。

民間也有許多在野的陰陽師，當有人在心中認為「自己會落魄、貧窮、被流放，都是因為中央那幫傢伙幹得好事」，便會雇用民間的陰陽師咒殺朝野當中的達官顯要。

另一方面，正統的陰陽師有諸如賀茂家族的賀茂保憲與賀茂光榮，或者是安倍晴明等等。這般人物會進行修行，並在有異樣發生時，前去協助查出原因。當找到原因之後，便會朝發信源頭的詛咒施以「迴咒」。

由於受到詛咒的人，通常已被附身，所以陰陽師也會採取主動，在查明原因之後，如驅魔師一般祓除憑依於此人身上的靈體。

那是一個距離現在已經千年有餘，視詛咒為實物，並對其得以真實感知於此的時代。但不可思議的是，如今卻已逐漸分不清了。

在現代，靈性事物不再是學問，反倒成了「異端」

在西洋，自笛卡兒以後，靈肉逐漸二分化。笛卡兒本身是靈能者，但因為考量到一般人不理解「靈性事物」，故將兩者區隔，將「世間事物」作為學問對象。

而康德的時期，日本正逢江戶時代，在此階段二分化更為顯著。康德本身雖未否定靈界或靈性事物，但因提倡「僅將能夠於這世間研究的事物當作為做學問的對象」，因而傾注於世間性學問。

那也就是指「現象學」。若僅是研究「發生於世間之事」，那在需要研究靈性事物時將會遭遇重重困難，但世間潮流愈趨將其排除在研究對象之外，致使到了現代，就連思考靈性事物都會被視為異端。

觀看現代歐美等國家製作的驅魔師電影，當中與梵蒂岡、羅馬教廷、醫院等等的拉扯橋段變得很多。

梵蒂岡的態度是「先至醫院進行診斷，若被判定為生病，就進行治療。若院方未開立『難以視為疾病進行治療』的證明，就不得請驅魔師進行祓除」。

這是非常負面且悲觀的思維，試圖將工作量壓縮至最低程度。但事實是，「靈性存在的侵襲」橫行於世間。

各種各樣人的思緒交錯於世間，並影響著彼此。這就宛如電視、廣播、手機等皆是透過訊號進行傳輸，只要擁有接收裝置便能接收訊號。而人體亦是一種「接收裝置」，能接收他人所傳送的各種訊號。

以我個人為例，我也有類似於所謂東京鐵塔，以及俗稱第二鐵塔的晴空樹的「接收裝置」，以此接收來自日本或全球各地的意念，這使我能收錄靈言。

我認為，現代人的「接收裝置」不是整體弱化不少，要不就是忘記了自身有這機能。但事實上，人們在無意識中受到許多靈性影響。這就是現狀。

3 釋尊為何講述「捨去執著」的教義

之所以能說「釋尊是『最大的咒術者、超能力者』」之原因

回到原先主題，釋尊講述了「無我」的教義，釋尊之所以要講述，是因為不樂見「提倡自我的道路」。

對此我認為必須稍加解釋。

生而為人時，由於需要成長，因此在成長期，會視自我成長為目標。

長大成人後，肉體便不再有所成長，但在那之前，成長本身就是自己的工作。縱使可能受到基因等「設計圖」影響，但畢竟想要茁壯為成人體型，所以該攝取的食物必須攝取，運動與腦部訓練也不可或缺，否則會發育不全，也必須好好學習。勢必得學習、運動並與大量的人應對進退，一邊練習職責分攤，一邊茁壯成人才行。

而其中也有所有人都必須經歷的經驗。

熊貓在剛出生時僅一百多公克，但僅僅一年半到兩年之間，其身形便會茁壯完畢。若是野生熊貓，在長大之後就得要離開父母身邊，獨自步入森林之中，走幾十公里的路尋找屬於自己的山林，那個可以讓自己獨自生存的山林。即便是親子關係，但當彼此都已成熟時，仍舊會發生衝突與搶奪食物等諸多情形，因此長大之後便需要離開父母。

直到長大成人前，確實每個人都是在「吃、睡、保護自己」之中茁壯，並一邊經歷「吃、性、睡」，一邊慢慢長大。以動物來說，「吃」幾乎是其生活重心，另外亦會有雌雄的性徵之分，並開始展現出對異性的興趣。

此外，「睡」的部分多少有些個體差異所以較難討論，但以前的人似乎不怎麼認同睡眠的意義。

但是，生逢現在這個極端唯物主義的世界，唯有睡眠時能與靈界交流。人們常常講「夢中世界」，其實夢境多與靈界有所關連。

也就是說，即便是在現代，人生中約三分之一也是與靈界有所關聯。

不過在以前，每日張開眼睛之際，更為容易直接地受到靈性影響。

如果細思釋尊的教義所想要表達的為何，譬如，若是思考驅魔師在祓除惡魔，或試圖去除憑依在人身上的不成佛靈時，所應講述的內容為何時，佛教的教義大致上都能符合當時的情境所需。

若直白地為佛教教義下註解的話，那便會是「死後如果不回去靈界，反倒成為幽靈徘徊於世間，並附身於世間之人身上，不光是自己成為了邪惡的存在，還試圖透過憑依於他人使其痛苦，甚或意圖將其人拉至地獄的話，那理應中斷如此行為」。佛教當中滿載著這般教義。

因此，即便有眾多學者認為釋尊的教義是「唯物論且哲學性的學問」，但反過來說，其實釋尊是「最大的咒術者」或「最大的超能力者」。畢竟如果不理解詛咒的話，將無從講述這樣的教義。

佛教中有所謂諸行無常、諸法無我、涅槃寂靜等中心教義，這些教義否定了存在於這世間的絕對永恆性事物。換言之，「這世間並無永恆的事物。必須去除『執著於這世間的事物，執著於自身肉體』的心境才行。這世間是虛假的世界，終將消隱無蹤」。

無論是何種金銀財寶，都無法帶回靈界，也無法永存於這世間。無論建造何等宮殿，都無法帶回靈界。

因此，不可執著於世間事物。

克服「異性問題引起的痛苦」所須的智慧

特別是，很多時候最初出現的是對「食物」的執著。

確實在這世間，無論如何都必須攝取食物，但為了盡可能減少對食物的執著，從古至今皆有斷食修行。其目的是克制本能，發現靈性的自己。

若這麼想的話，斷食確實有其意義。但為了生存於三次元世界，仍得攝取一定的食物才行，這無可厚非。然而，一旦過了頭，就可能淪為美食的俘虜，誤以為「這世間就是天國」。

另外，「對於異性的思念」若是能夠昇華為詩、文學、音樂等，即為美麗的事物。但若在現實中淪為動物性思想，不分辨情形便莽撞地行動，那將只是弱肉強食。

舉獅子為例，一頭公獅配有複數隻的母獅，公獅負責全面保護獅群，母獅負責狩獵與養育幼獅。為了讓一頭公獅能夠配有一群母獅，公獅之間會進行爭鬥來決定強者，敗者隨即遭到驅逐。

因此，自然界法則中，弱者會逐漸遭到淘汰。正所謂「適者生存」，生存能力高者將傳承其基因，若是讓弱者的基因留存，族群會遭遇滅絕。最終，演變為驅逐弱者，僅讓強者基因留存的模式。

換成現實中的人類社會，雖然有各種因素，但不外乎「外貌佳」、「家世好」、「有財富」、「學歷佳」等各種「賣點」。不光是男性，女性亦同。因此在人類世界中，有著盡可能高攀，將他人難以入手的事物握入手中的傾向。

但問題出在「何種程度才合乎身分」。若是不合乎身分，恐將面臨失敗，也會因此產生痛苦也說不定。即便在這世間看似取得成功，但若不合乎身分，也會在異性問題上衍生痛苦。

如果異性之間能夠彼此互助，恰如其分地、和諧地一同度日的話，那還在許可範圍內。但原則上，須知「在修行靈性時，異性關係通常會成為阻礙」。

「妨礙」中的「妨」字是「女」部，這雖然對於女性帶有歧視意味，但在佛教歷史中，或者其他宗教當中，異性問題成為了很大的妨礙，特別是男性所遇到的「女性問題」。修行之路上，女性總是那最為龐大的障礙。反之，對女性而言，男性亦會成為修行之路上的路障。

在歷史上，職業婦女登場的時間不算長，且在以往業種較少的情況之下，工作仍是以男性為中心。但是如果女性出家成為尼僧，那麼很多時候，「男性問題」同樣會成為妨礙修行的絆腳石。

此外，對於男性而言，當試圖鑽研於某一條道路時，不光是宗教家，若是決定踏上磨練劍的道路，志在成為劍豪，妻子與孩子的存在也會讓難度增加不少。畢竟這世間的制約會阻礙鑽研之道。當然，阻礙並不單單是異性與孩童。對於胸懷大志者，妨礙會以各種形式出現。因此，異性問題會成為青春期的煩惱，亦會成為青春期以後的煩惱。

所以，也並非不能理解，為何現今單身終老的人與日俱增，畢竟單身能夠讓人專注於自身的發展。當女性決定以職業為生時，若是有一個需要她的陪伴的伴侶，有時也會成為影響工作的因素。

此環節正是今後社會該如何發展的較為費解之處。

原則上，當隻身一人無法做到「自我統御」，還發展到像是「多一個分身」一般的夫婦關係時，若是沒有處理得當，恐將互相成為彼此的束縛、絆腳石，妨礙工作進展。所以若想加以克服，則需要相當的智慧。

若是按照釋尊的思維進行思考，那應是接近於「總之，所有事物皆為諸行無常，所以看待任何事物，就如同流去的河川一般，淡泊地看待即可」。

「所有事物都會有相遇，也會有離別。有互相抱持好意且愛著彼此的時候，也會有關係交惡而疏遠的時候。人生道路上會遇到諸多事情，但不要過於被諸事所困，而是淡泊地、淡然地邁向自己的道路」，我想這就是釋尊的想法。

4 抱持「總有一天會回歸靈界」的覺悟而活

為了不在死後化為不成佛靈徘徊世間，應有何覺悟？

三法印的最後為「涅槃寂靜」。
「涅槃的世界」，那是一個離開世間之後的寂靜世界。
在那裡終將發現，
這世間僅是「虛假的世界」。
也就是說，即便有肉體、食物、住家，

有許多手所能觸的事物，
但這仍是一個虛假世界。
回歸靈界之後，將無法再碰觸世上的物體，
而這正是人類死後最為驚訝之處。
不僅能夠直接穿透屋宅，
向地上之人說話，他們也聽不見。
撇除那些靈能者，
人們聽不見，也看不見靈魂的姿態，
所以靈魂無法給予人們影響。
試著跟人握手是徒然，
試著跟人擁抱也僅會倏然穿過，

死後人們所前往的即是如此世界。
然而那並非是異常世界，那才是真實世界。
無法觸碰物質、物體的世界，方為真正的世界。
對此必須了悟於心。

這便是死後若想回歸靈界、天上界時，所必須知曉的重要覺悟。
對此無法有所覺悟之人，也就是受到世間束縛，不斷想著「不能失去這個、那個」的人，在死後也不會察覺於自己已經死去，繼續留在世間。但是不管跟誰搭話，都不會得到回應，也無法觸碰任何事物，雖然會覺得事情不對勁，但又無法解釋為何自己的處境是如此。
多數情況下，這些人都會化身為不成佛靈徘徊於世間。

然而，大多情況下，他們都只能試著到家族、親戚、友人、工作夥伴等所在的場所求援，拚命地想引來對方的關注，但卻也只能苦於成效不彰。

他們所能做的，便是至少在人們睡覺、進入夢鄉時，把握機會現形，如果運氣夠好能引起靈性現象，對方可能會如「蟲的預感」一般感知到什麼也說不定。

像是在戰爭中，留在日本的母親可能會夢到自己的兒子歸國了，但這種時候通常意味著兒子戰死於戰場，因此以靈魂之姿回去見母親。

如果能夠製造出類似於鬧鬼現象般的物質現象，可能還比較容易讓人們察覺，但這並非所有靈體都能做到。能夠盡可能做的就是，前往對於此人有著十分強烈愛念的人身邊，像是妻子或母親等身邊，以類似於

「託夢」的方式在夢中與之相見。

其原理是因為人在睡眠期間，會在靈子線與身體相連的情況下靈魂脫竅，而那跑到體外的部分就類似於幽靈的狀態，得以見到並識別逝去之人。

然而，多數人在醒來時都會忘記夢境，若沒有經過訓練很難記得夢境中曾與誰見面，但如果是較為鮮明的情節則會記得。所以舉凡「兒子歸國了」這類的內容大致會記得。

當然也有些靈體能憑自身能力引起各種物理現象，雖然難以區分誰具有如此能力，誰又不具備如此能力，但確實有些靈體能夠引發某種物理現象。

譬如，東西掉落到地上、燈泡亮光忽滅、蠟燭火苗熄滅、風鈴響起等等。此外，舉寺廟為例，有許多住持曾經聽見唱誦「南無阿彌陀佛」的空間，無人時鉦鼓卻「叮」的一聲響起。當住持聽到半夜突然響起鉦鼓的「叮」的敲響聲，大概就會知道「明天會有人家中出殯」。這類事情時有所聞。

若是再清楚一些，在《平家物語》的世界當中，就如「無耳芳一」中的故事所述，一位盲人接連聽到在為戰役做準備的亡靈武者的腳步聲。

這類物質化現象會因人而異，須依據在世之人與逝者雙方的靈性素質而定。因此目前還難以界定「何種場合會出現物質化」。

此外，有時發生物質化現象是因為有前來支援的靈人，但有時無須靈人協助也足以發生物質化現象。

適逢親人過世時所體驗到的不可思議之事

我所知道的是我祖母過世時所發生的事。

祖母在大我四歲的家兄出生時，有代為照顧他，但在我出生時，祖母表示「不想連第二胎也要照顧」，於是就搬到東京跟我伯父一起住。

在我祖母過世時，我們家並非住在近代建築，後門是以木頭拉門開關。當時我父母與小說家的伯母在茶室談話時，後門的木頭拉門便發出一陣聲響，並自動拉開了二、三十公分的門縫。當時所有人都感到一陣疑惑，畢竟那是橫向移動的拉門，通常需要有人出力才會滑動，風是無法偶然開啟那扇門的。於是長輩對我說：「奇怪？剛剛門好像開了，你去看看」，但在我確認過後並沒有任何人影，當大家還在感到納悶時，就接到祖母過世的消息。

教祖殿也時不時會發生些奇妙的事情。前妻的七十多歲父親在雪中倒下，一度面臨命危狀態之時，教祖殿的電梯便忽然停止運作了。印象中當天下午四點多發生了電梯停止運作的罕見情況，才發現原來那個時刻正好是他倒下的時間點。

因此，靈性事物究竟會引起何種影響，實在是令人感到不可思議。

另外，就我個人的經驗，則是在我家兄過世時所發生的。某一天晚上我難以入睡，在半夜、接近黎明時，我起身去上廁所，那時我還住在池田山的公寓，當我看向時鐘時，電子鐘上面顯示著四點四十四分，「444」的數字在電子螢幕上顯現。

當時我心想著：「哇，真是討厭的數字。是不是發生了什麼事？」

而那時大約就是家兄過世的時間點。後來家兄的靈魂在當天中午前來東京找我，並有了一段靈性對話。

關於「何種程度才會帶來影響」，在現階段還沒有理出個法則，但以結果論來說，「最終發生了如此事情」的事情已發生過許多次。

「能否放下所有執著離開世間」，你是否能夠回答如此提問？

因此，「佛教學者」應該不知如何回答，但佛教對於那些迷失的幽靈會訴說的內容是：「捨棄你在這世間以人之姿生活時的那些執著」。唯有如此內容才是王道。

各位在這世間會產生各種執著，譬如「想吃飯」、「想喝飲料」、

「想喝酒」等等。此外，對於衣著、房間、家、學校、公司、學歷、友情、公司名氣多響亮、與他人的比較等等，也都會有執著。

但那一切都是世俗之事。

活在如此欲望中是理所當然，但必須要在某處浮起，客觀地審視自己才行。

「終究都會離開這世間，這些執著終將全數捨去。屆時，你能夠啟程前往他界嗎？」必須要有辦法回答此問題才行。

「不，我無法啟程，我很擔心孩子，所以就是無法動身」、「我很擔心丈夫」、「我牽掛著妻子」、「我為接受看護的父母親感到操心」、「在手足之中，我擔憂做著這些事的那個人」等等，會出現多種回答。

作為人，想當然會有如此心境，在一定程度範圍內勢必會如此。但當超過某種程度之後，必定會產生無謂的能量。

死後若是依舊執著於各種事物，那將無法割捨這世間。放不下家、放不下公司、放不下學校。

「學校的怪談」大致上就是出自於此原因。「在學校內身亡，但由於執著於此地，故十年來不斷化作幽靈現身於校園中」，大概就是如此感覺。

不過，這是因為「沒有受到教導」。如果學校有教育「死後該怎麼做」、「人的本質為何」等靈性知識，那麼那些亡靈便不會盤踞在校園之中嚇唬師生了。但是學校應該不會教授如此內容，家庭教育中可能也未能觸及於此。

於是，有些人當遭逢如「考試考零分」、「男友被搶走了」等挫折時，就會選擇從屋頂一躍而下自殺。「死後就能逃離所有痛苦了」，人們可能是以這般想法赴死，但即便肉體死去，「宿於肉體之內的靈魂」卻依舊永恆存在。

若是不曉得「那永恆事物」在死後會有何發展，也不理解自己為何物，也就是說，若不明白「自身為靈性存在」，最終就會疑惑於「什麼？好奇怪，我不是死了嗎？怎麼還活著」，於是決定再一次自殺，並反覆如此過程。

而當此人感到越來越無聊，便會開始附身在朋友或是其他人身上引起事端等等。

並且，當這樣的人到了原本應畢業的年紀時，會選擇「滯留」在學校之中，附身於和自己有相同處境的人，比如因為失戀而想要自殺的人，接連不斷地引起各種事件。

因此，必須明白「靈魂存在」。在世間因為進行人生修行，或是因為自身發展、成長而得到各種成功、實現理想，這固然是件了不起的事情，有一半的面向必須認同如此成就。但是當從靈魂角度省思時，這些世間的成功、發展、成長，若是變成了執著，導致自身無法與世間割捨時，這終究等同失敗。

「自己將離開這世間前往靈界，且必須於靈界展開新生活。在仍活於世間之時，就應一直抱持如此覺悟過活才行」，這便是佛教的教義。

5 透過反省捨棄自我，回歸本來的自己

從池中鯉魚所看見的「自我」與「自己」之差異

根據釋尊的教義，直到相當於成長期的青春期以前，成長欲都會以「自我」的形式茁壯，但最終必須捨棄「自我」才行。如此「自我之姿」將區隔自己與他人，激烈競爭也只是為了讓自己得以生存。

為了邁向成功，無論是在學業上還是演藝上，抑或是其他領域上，

都需要精進自我。

然而，打個比方，拿飼料餵食池中鯉魚時，鯉魚會全數聚集在一起擠出水面，爭先恐後地設法吃到飼料。這般景象正是「嶄露自我之姿」，這是一種「想吃到飼料，認為自己才值得憐惜」的樣子。

與之相比，在偌大池中悠悠獨自游泳的鯉魚，正是不同於「自我」的「探究『自己』的姿態」。

「『當世間的成長與成功，或者是對他人的優越感、自尊、偽我，妨害了他人或自身真正的靈性成長』時，必須將如此錯誤拭去，並以『啊，這樣可不行！我必須蛻去自我』的想法，回歸本來的自己才行」，這正是佛教所傳授的教義。

因此，釋尊雖有講述「將『自我』捨棄」，但是並沒有講述「將

『自己』捨棄」，而是說「必須永無止盡地追求自己」。

這才是靈魂本來的性質。持續探究「靈魂的良好性質」是件重要之事，但是活於世間之時，若是被困在「眼、耳、鼻、舌、身、意」，肉體的眼睛、耳朵、鼻子、嘴巴、手的觸覺等五官煩惱所組成的世界觀，那麼將會誤以為「自我即自己」，而忘卻了本來的自己。

「稻殼」比喻中所發現的反省之重要性

當論及「本來的自己」與「我」如此詞語時，有時會使用到「真我」、「真正的我」這類用詞，但是人必須掌握到「真我」，也必須探究「真正的我」。

禪的修行幾乎皆是如此。說到坐禪的用意何在，便是在於將活在這世間時，許多沾上自己的塵埃、殼一般的物體，透過反省的方式將其去除，並找回本來的自我。

這就如同稻穗結實出米粒般。每顆米粒都有作為保護的稻殼，為了達到保護，稻殼有其重要性。然而，若是沒有褪去稻殼，要將米粒作為食物供給就多少有些阻礙。

稻殼本身目的是為了保護稻米，雖然多少有自保之意，但為了盡到保護效果有其一定的必要性。然而，若是要將稻米作為人類糧食轉化成能量，就必須要脫去其稻殼。透過搖篩的過程，將米粒萃選出來，再製作成精米。如此一來，方能成為人類的糧食轉化為營養。

因此，在成長期，稻米為了讓自身順利茁壯，無論如何都需要負起讓自己順利成長的責任，就這一層意義上來說，「為了保護成長期中的自己」，稻殼是被允許存在的。

不過，當自己下決心要為社會貢獻時，必須先脫去稻殼方能實際幫助到他人。也就是說，必須成為「白米」才能做出奉獻，勢必得先將「殼」褪去才行。

「稻殼」若是未被褪去，那麼將會區分出自己與他人，心中總是會計較著誰拿得比較多，自己拿得又比較少。

如果區分自己與他人，能夠促進彼此之間的切磋琢磨，那還算是有助益，但若抱持著「最終是由世間的價值觀決定人的高低、優劣、成功與失敗，除了世間之外別無其他」，或是以「死後一切就結束了，在臨死之前，創造越多美好回憶就相當於越是充分地愛了自己」的想法生活，那麼其後就必須為歧途人生反省才行。

但是有一些人，即便到了靈界卻依然無法進行反省。學校不見得有教導「反省」。學校不僅沒有教「靈性自身才是自己，自身本質為靈魂」，也沒有傳授反省的重要性，現今就連道德教育都鮮少提及。

最終，人還是要為在世間所犯下的過錯，譬如，講出錯誤的話語、做出錯誤的行動、因自我本位而傷及他人，或身處集團之中卻忘卻了「忠心」、「忠誠心」等行為進行反省才是。

反省那自我中心的行為，以及對他人施加妨害與詛咒的心念

歸根究柢，何謂自我之姿？

「幼童因為心靈純潔，所以看得到天使或是靈界之中的靈體」，如此說法時有所聞。不過話雖如此，在孩童時代，「我」已經成形。

例如，行經店門口時，跟父母吵著「好想要那個糖果」、「好想吃那個巧克力」，如果父母不買給自己，就會在地上滾來滾去哭著要父母幫自己買，或是因此大吵大鬧，如此行為在孩童時期便會出現。

這般行為到了大人便會以其他形式呈現，但不外乎都是「渴望這個、渴求那個」。

當孩童說「不要，我就是想吃那個」時，儘管對孩童說「現在不

適合，再一個小時就要吃飯了，你忍耐一下」，小孩也不見得會因此聽話。大人其實也是如此。就如人們經常說的「人到了晚年就會回到像幼兒一般的行徑」、「人的歲數越大，就會越像孩子一樣無理取鬧」。話雖如此，這類行為還是要盡量控制才行。

不光是在實際行為上不能以自我為中心，在心念的世界當中，也絕不能發送「對他人施加惡害」或「詛咒他人」的想法。

如此心念必定會留存於靈魂紀錄之中。從轉動天地萬物的理法來看，以那般邪惡心念詛咒他人，或試圖弄垮他人的意念，勢必會彈回自身，對於自身的向上毫無助益。

不僅自己會落入暗黑世界當中，最終也會失去朋友，並且等待此人的未來是如同生活在深不見底的井底或洞穴之中的靈界生活。因此，請各位避免步上此道。

儘管在世間當中能有所粉飾，但心中若是帶有邪念，身邊的人們也會慢慢察覺，因而遭到孤立。這類的人往往無法長久經營友情、愛情。

因此，明白如此道理，實為重要之事。

進行反省，雖然肉眼無法看見效果，他人也可能不會察覺，甚至就連自己也都不知道反省究竟有無發揮效益。但是，逐一反省一天當中自己的思想、行為，逐一剝除身上的稻殼、穀殼是很重要的。

「早上的那個想法應該改善」、「今天打的那通電話是一通會危害他人的電話」、「今天實際上是預定要工作的，但卻因為自己的方便而偷懶了」、「自己若是有伸出援手，那件事情就成了，但自己卻因為鬧彆扭而沒有幫忙」，諸如此類的事情理應很多。因此，那些自我本位的生活方式，將尤其助長自我，所以必須要小心才是。

6 從自我當中增長的「天狗」、「妖魔」

當持續將注意力與焦點投注在增長自我時，就會變成俗稱「天狗」類型的性格。

天狗只喜歡上坡，最喜歡的就是向上爬。根據故事中的圖片可知，天狗有著翅膀與高鼻，這象徵的是「傲慢心」。除此之外，天狗頭戴烏帽，腳踩單齒木屐，總是往上爬。因此，天狗擅長向上爬，但一旦遇到下坡就會摔跤。

也就是說，天狗類型的人，唯有在「上坡」、當自己受到周遭人們讚賞時，才會感到幸福。但一旦遇到「下坡路」就會無能為力，並陷入不幸的迴圈之中。因此，應當盡量避免步上此道。

天狗有著翅膀，容易讓人誤以為是天使，但一般來說，天狗已經被分類在魑魅魍魎、妖怪一類，可以視其為「妖怪之始」，亦是「墮入魔道之人」。

現今社會上充斥著「只顧自身的發展，總想著無所不用其極地往上攀附的人」。那些在有名的升學學校、知名企業，或是競爭激烈的業務職場等地方脫穎而出的人們，在這世間固然被稱之為「勝者」，但若是從靈性角度來看多半為「天狗」。

如此之人對他人不抱有任何慈悲心，亦缺乏愛與反省之心，只顧著追求自身的成功。因此，他們在死後都會化身為天狗姿態。

「高鼻」象徵的是「總是驕傲自滿」，只顧著往上爬。此外，天狗手持團扇並總是想著要製造勢頭。世間真的有如此人們。

這終究是為魔道。當察覺自身「步上魔道」時，就需進行反省，試著回歸人類的心境。必須更加了解於「愛」與「反省」才是。

不僅是要斷絕對於世間的執著，也須改正那總是想著人與人之間一較高低的心性。

此外，除天狗之外，日本與中國都有所謂「妖魔」，英譯則為「demon」，換言之就是「妖怪」。透過魅惑手法，或是在人們面前呈現出閃閃發光的世界，將人們帶往妖魔的世界（參照《打開心眼》）。

若是去到類似於銀座的地方，有著許多高級酒店。雖不至於到「九尾妖狐」的程度，但從事著類似於稻荷信仰變化型的接客生意，打造豔麗的世界，當中也有不少人是以騙取他人錢財維生。如此世界亦為「妖魔的世界」，說的好聽是「妖魔」，講難聽一點，有的甚至已到「惡魔」程度。

因此，這世上有許多想將金錢、地位、權力到手的人，但務必要知道，「儘管在世間看似成功，但死後將墜入地獄」。

電視劇《黑革記事本》當中，武井咲小姐飾演惡女，雖然透過閱讀原作書籍或是觀看連續劇實為有趣，但片中女主角的心境是通往地獄。

女主角會透過妖魔化，用容貌騙取他人將金錢奉上給她，成為了欺騙慣犯。儘管她會將世間權勢把玩於掌中，又或許她在競逐「銀座第一」，但在後頭等待著她的多是破滅、破局。不僅如此，死後也會成為不成佛靈，再度成為迷惑人們的妖怪般的存在，或是搖身一變直接變為惡魔也不無可能。

因此，不可沉浸於讓那般邪惡欲望膨脹，或是透過縮短時間加速實現自己的欲念。重要的是應該抱持「聖潔的思想」默默持續努力。並且，即便因為努力而一嘗成果，也不可將之視為「自己的功勞」，而是應該要想成「天下萬民共同享有的成功」，並抱持「再將自己奉獻於此」的心境，我認為這是很重要的。

本章談到了「自我與自己，以及反省」的主題。

如此主題在佛教當中屬於非常基礎的「基本中的基本」，但光是理解此說法內容，我想「死後成為幽靈並徬徨之人」就會銳減不少才是。然而，僅是生活於現代教育與實際社會之中，要獲得如此知識不算易事。

如果沒有抱持「求悟之心」，並一定程度地持續學習真理知識，那麼要理解本章內容恐怕並非易事，但是只要多多少少了解此教義，我想人們死後就能免於化為幽靈迷途於世間。

後記

如何控制自己產生的「詛咒」，如何防範他人所發送的「詛咒」。

這是人生修行的其中一面，雖然簡單，卻也有著「覺悟」的一面。

這世間是透過因果法則所轉動的。

愛他人的人會被他人所愛，詛咒他人的人會被他人所厭惡。

本書的結論並不困難。

當興起詛咒他人的心念時，請祝福對方。

當想要奪取他人的愛時，請施愛予對方。

嫉妒他人之人即為不幸之人。

現在正是學習無我與空的時候，知足一事無比重要。

讓嫉妒心如潺潺流水流逝而去，並激勵自己努力於有用的自我實現。如此一來，就不會成為地獄界的不成佛靈，徒留痛苦幾百年。

二〇二二年　八月二十三日

幸福科學集團創立者兼總裁　大川隆法

◆◆◆ 大川隆法「法系列」· **最新作品** ◆◆◆

彌賽亞之法

從「愛」開始 以「愛」結束

彌賽亞之法

法系列
第 **28** 卷

定價380元

「打從這世界的起始，到這世界的結束，與你們同在的存在，那就是愛爾康大靈。」揭示現代彌賽亞，真正的「善惡價值觀」與「真實的愛」。

◆◆◆ 大川隆法「法系列」◆◆◆

太陽之法

邁向愛爾康大靈之路

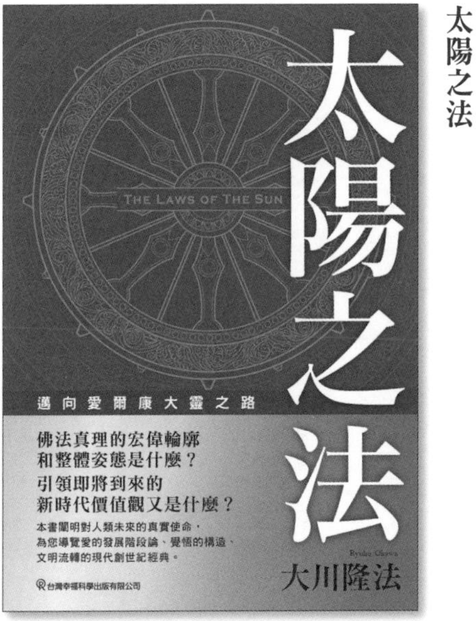

法系列
第1卷

定價400元

基本三法的第一本

本書明快地述說了創世紀、愛的階段、覺悟的進程、文明的流轉，並揭示了主·愛爾康大靈的真實使命，同時也是佛法真理的基本書。《太陽之法》目前已有23種語言的版本，更是全球累計銷售突破1000萬本的暢銷作品。

第一章	太陽昇起之時	第四章	悟之極致
第二章	佛法真理的昇華	第五章	黃金時代
第三章	愛的大河	第六章	愛爾康大靈之路

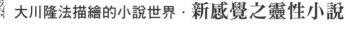

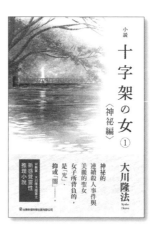

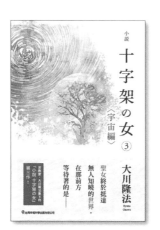

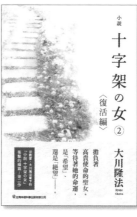

大川隆法作品・最新作品

現代武士道
從平凡出發

定價380元

現代武士道

正是在這不安、混亂的時代，就越是要以超越私利私欲的勇氣之姿迎戰。
本書清楚究明淵源流長的武士道，並訴說不分東西，自古延續至今的武士道精神——貫徹「真劍勝負」、「一日一生」、「誠」的精神。

第一章　武士道的根本—武士道的源流
第二章　現代武士道
第三章　現代武士道 回答提問

天御祖神的降臨
記載在古代文獻《秀真政傳紀》中的創造神

定價380元

天御祖神的降臨

三萬年前，日本文明早已存在——？！回溯日本民族之起始，超越歷史定論，究明日本的根源、神道的祕密，以及與宇宙的關係。揭開失落的日本超古代史的「究極之謎」！

PART Ⅰ　天御祖神的降臨 古代文獻《秀真政傳紀》記載之創造神
第1章　天御祖神是何種存在
第2章　探索日本文明的起源
　　　　天御祖神的降臨
PART Ⅱ《天御祖神的降臨》講義
第1章　《天御祖神的降臨》講義
　　　　—日本文明的起源為何？—
第2章　提問與回答 —探索日本與宇宙的祕密—

重生

從平凡出發

祈念本書能成為——追求覺悟之青年、後進的年輕世代，其人生的指標！
本書以半自傳方式回顧大川隆法先生的學習經歷，並闡明自身想法的淵源，以及描述創建「幸福科學」的歷程，以進一步將真理弘揚世界各地。書中，超越時空的智慧將給予讀者無限啟發，並協助讀者們找尋自身的人生使命。

第一章　從平凡出發
第二章　獨立的精神
第三章　多樣的價值觀
第四章　未知的佛神
第五章　存在與時間
第六章　達到非凡的愛的高度
第七章　信仰的勝利

定價380元

重生

以愛跨越憎恨

推動中國民主化之
日本與台灣的使命

這不僅是一本精闢剖析共產主義、極權主義的現代政治啟蒙書，更是為了遏止第三次世界大戰在亞太地區爆發，身為亞洲人必讀的一本書！

第一章　以愛跨越憎恨
第二章　「人類的幸福」與「國家」
　　　　—提問與回答—
第三章　「自由、民主、信仰」將拯救世界—「毛澤東的靈言」講義—
第四章　答覆加拿大民運人士的提問

定價350元

以愛跨越憎恨

佛陀再誕

留給緣生弟子們的訊息

定價420元

佛陀再誕

優曇花三千年僅綻放一次，同一時代只有一位佛陀降臨世間。是時候了！齊聚於再誕的佛陀身旁，聆聽佛陀的金口直言，拯救現代的社會！這是佛陀再臨，給予摯愛的弟子們的話語。用詞簡單、詩句形式包含智慧話語。翻閱本書，靈魂將不再飢渴，也將喚醒你選擇於與佛陀同一時代生而為人的原由。聆聽永恆導師的話語，喚醒你的使命！

第一章　我再誕
第二章　叡智之言
第三章　勿做愚氓
第四章　政治和經濟
第五章　忍耐和成功
第六章　何謂輪迴轉生
第七章　信仰與建設佛國之路

不動心

跨越人生苦難的方法

定價360元

不動心

這是一本教導人們如何獲得真正的自信、構築偉大人格的指引書。積蓄的原理、與苦惱的對決法等，訴說著讓人生得著安定感的體悟心語。

第一章　人生的冰山
第二章　積蓄的原理
第三章　與苦惱的對決
第四章　惡靈諸相
第五章　與惡靈的對決
第六章　不動心

真正的驅魔師

為了保護自己遠離惡靈或惡魔，從面對惡靈的基礎對策到驅魔的祕密儀式，你該知之事、當為之事。

第一篇	現代的驅魔師
第二篇	真正的驅魔師
第1章	靈障對策的基本——從基礎知識到實踐方法——
第2章	真正的驅魔師——打敗惡魔的終極力量——
第3章	作為宗教的專業驅魔師——「真正的驅魔師」的問與答——

定價380元

真正的驅魔師

惡魔討厭的事

為了守護自己與心愛之人免於惡魔影響！擺脫那些想要動搖、迷惑正直人們的存在，本書闡明其真相、手段，並提出克服的方法。

第1章	惡魔討厭的事
第2章	怨靈的產生
第3章	惡魔的真面目與看破之法

定價360元

惡魔討厭的事

永恆生命的世界

死亡後的真實樣貌

死亡並非是永遠的別離，
死亡是人結束了地上界的旅程，
回到本來的世界……

第一章　死亡之下，人人平等
第二章　人死之後，靈魂何去何從？
　　　　（提問與回答）
第三章　腦死與器官移植的問題點
第四章　供養祖先的靈性真相
第五章　永恆生命的世界

永恆生命的世界

定價380元

靈界散步

步向光彩絢麗的新世界

人的一生，都將面對終末之時，當靈魂離開肉體之際，即將展開的是，前往靈界的旅程……

第一章　靈界的啟程
第二章　死後的生活
第三章　不可思議的靈界
　　　　（質疑之問與答）
第四章　最新靈界情況

靈界散步

定價380元

大川隆法暢銷作品 · 心與身的健康指南

奇蹟的癌症克服法

喚醒你未知的強大自癒力

醫學如此進步之下，
為何癌症患者仍持續增加？
本書詳細闡明了患病的心理機制。
推薦給想好好照顧自己的人。

第一章　奇蹟的健康法
第二章　奇蹟的療癒力量
第三章　消滅癌症之道
第四章　疾病靈性解讀（Q&A）

奇蹟的癌症克服法

定價380元

瞑想的極致

奇蹟的神祕體驗

「我認為人們要追求幸福，
瞑想雖非屬積極，
但可謂是重要的方法之一。」

第一章　瞑想的極致
第二章　「瞑想的極致」講義
第三章　「瞑想的極致」之提問與解答
第四章　「幸福瞑想法」講義
第五章　「幸福瞑想法」之提問與解答

瞑想的極致

定價380元

大川隆法暢銷作品・心的健康指南

I'm Fine!

清爽活出真實自己的七個步驟

定價380元

I'm Fine!

不要猜忌他人，不要疑慮重重，不要活在深深的自卑感，或者感傷悲苦的情緒當中，應該要開朗、樸實、單純。即使遭遇了背叛、遇見了騙子，也要泰然自若地說：「那點小事，何足掛齒。」
此刻，開始過著沒有罣礙的清爽生活！

STEP 1　更簡單、更清爽
STEP 2　即使失敗了也不要厭惡自己
STEP 3　如何建立不易崩潰的自信
STEP 4　做一個不屈不撓的人
STEP 5　有影響力的人須留意之事
STEP 6　前進的勇氣
STEP 7　改變自己而發光的人與隨波逐流的人

How About You?

招喚幸福而來的愛

定價380元

How About You?

越是愛，就會變得越執著。
越是愛，獨占欲就會更加萌發。自己所愛之人，如果對自己以外的人示好，那麼忌妒心就會被激發。正因為有愛，才會想要獨占，才會產生嫉妒！但是，如果你充滿了嫉妒，現在的你就不快樂。

Part 1　你受過愛的愚弄嗎？
Part 2　你的愛是真的嗎？
Part 3　你的心清爽嗎？

HAPPY SCIENCE

幸福科學集團介紹

幸福科學透過宗教、教育、政治、出版等活動，以實現地球烏托邦為目標。

幸福科學

一九八六年立宗。信仰的對象為地球靈團至高神「愛爾康大靈」。幸福科學信徒廣布於全世界一百多個國家，為實現「拯救全人類」之尊貴使命，實踐著「愛」、「覺悟」、「建設烏托邦」之教義，奮力傳道。

愛

幸福科學所稱之「愛」是指「施愛」。這與佛教的慈悲、佈施的精神相同。信眾透過傳遞佛法真理，為了讓更多的人們能度過幸福人生，努力推動著各種傳道活動。

覺悟

所謂「覺悟」，即是知道自己是佛子。藉由學習佛法真理、精神統一、磨練己心，在獲得智慧解決煩惱的同時，以達到天使、菩薩的境界為目標，齊備能拯救更多人們的力量。

建設烏托邦

我們人類帶著於世間建設理想世界之尊貴使命，而轉生於世間。為了止惡揚善，信眾積極參與著各種弘法活動。

入會介紹

在幸福科學當中，以大川隆法總裁所述說之佛法真理為基礎，學習並實踐著「如何才能變得幸福、如何才能讓他人幸福」。

入會

想試著學習佛法真理的朋友

若是相信並想要學習大川隆法總裁的教義之人，皆可成為幸福科學的會員。入會者可領受《入會版「正心法語」》。

三皈依誓願

想要加深信仰的朋友

想要做為佛弟子加深信仰之人，可在幸福科學各地支部接受皈依佛、法、僧三寶之「三皈依誓願儀式」。三皈依誓願者可領受《佛説・正心法語》、《祈願文①》、《祈願文②》、《向愛爾康大靈的祈禱》。

幸福科學於各地支部、據點每週皆舉行各種法話學習會、佛法真理講座、經典讀書會等活動，歡迎各地朋友前來參加，亦歡迎前來心靈諮詢。

台北支部精舍
台北市松山區敦化北路 155 巷 89 號

幸福科學台灣代表處
台北市松山區敦化北路 155 巷 89 號
02-2719-9377
taiwan@happy-science.org
FB：幸福科學台灣

幸福科學馬來西亞代表處
No 22A, Block 2, Jalil Link Jalan Jalil Jaya 2,
Bukit Jalil 57000, Kuala Lumpur, Malaysia
+60-3-8998-7877
malaysia@happy-science.org
FB：Happy Science Malaysia

幸福科學新加坡代表處
434 Race Course Road #01-01
Singapore 218680
+65-6837-0777
singapore@happy-science.org
FB：Happy Science Singapore

論何謂詛咒　如何擺脫「不幸人生」

呪いについて 「不幸な人生」から抜け出すためには

作　　者／大川隆法

出版發行／台灣幸福科學出版有限公司
104-029 台北市中山區中山北路三段 49 號 7 樓之 4
電話／ 02-2586-3390　傳真／ 02-2595-4250
信箱／ info@irhpress.tw
法律顧問／第一法律事務所　余淑杏律師

總 經 銷／旭昇圖書有限公司
235-026 新北市中和區中山路二段 352 號 2 樓
電話／ 02-2245-1480　傳真／ 02-2245-1479

幸福科學華語圈各國聯絡處／
台　　灣　taiwan@happy-science.org
地址：台北市松山區敦化北路 155 巷 89 號（台灣代表處）
電話：02-2719-9377
FB 粉絲頁：幸福科學－台灣
新 加 坡　singapore@happy-science.org
馬來西亞　malaysia@happy-science.org
泰　　國　bangkok@happy-science.org
澳　　洲　sydney@happy-science.org

書　　號／978-626-96514-7-4
初　　版／2022 年 11 月
定　　價／360 元

國家圖書館出版品預行編目 (CIP) 資料

論何謂詛咒：如何擺脫「不幸人生」；幸福科學經典翻譯小組翻譯. -- 初版. -- 臺北市：台灣幸福科學出版有限公司，2022.11
　160 面；14.8×21 公分
譯自：呪いについて 「不幸な人生」から け出すためには
ISBN 978-626-96514-7-4（平裝）

1. CST：新興宗教 2. CST：靈修

226.8　　　　111016209

廣　告　回　信	
台北郵局登記證	
台北廣字第5433號	
平	信

IRH Press Taiwan Co., Ltd.
台灣幸福科學出版有限公司

104-029 台北市中山區中山北路三段49號7樓之4
台灣幸福科學出版　編輯部　收

請沿此線撕下對折後寄回或傳真，謝謝您寶貴的意見！

大川隆法 Ryuho Okawa

論何謂詛咒

台灣幸福科學出版有限公司

論何謂詛咒
讀者專用回函

非常感謝您購買《論何謂詛咒》一書，
敬請回答下列問題，我們將不定期舉辦抽獎，
中獎者將致贈本公司出版的書籍刊物等禮物！

讀者個人資料　　**※本個資僅供公司內部讀者資料建檔使用，敬請放心。**

1. 姓名：　　　　　　　性別：☐男　☐女
2. 出生年月日：西元　　　　年　　　　月　　　　日
3. 聯絡電話：
4. 電子信箱：
5. 通訊地址：☐☐☐-☐☐
6. 學歷：☐國小 ☐國中 ☐高中／職 ☐五專 ☐二／四技 ☐大學 ☐研究所 ☐其他
7. 職業：☐學生 ☐軍 ☐公 ☐教 ☐工 ☐商 ☐自由業☐資訊 ☐服務 ☐傳播 ☐出版 ☐金融 ☐其他
8. 您所購書的地點及店名：
9. 是否願意收到新書資訊：☐願意　☐不願意

購書資訊：

1. 您從何處得知本書的訊息：（可複選）☐網路書店　☐逛書局時看到新書　☐雜誌介紹　☐廣告宣傳　☐親友推薦　☐幸福科學的其他出版品　☐其他
2. 購買本書的原因：（可複選）☐喜歡本書的主題　☐喜歡封面及簡介　☐廣告宣傳　☐親友推薦　☐是作者的忠實讀者　☐其他
3. 本書售價：☐很貴　☐合理　☐便宜　☐其他
4. 本書內容：☐豐富　☐普通　☐還需加強　☐其他
5. 對本書的建議及讀後感
6. 盼望您能寫下對本公司的期望、建議…等等。

IRH Press Taiwan Co., Ltd.
台灣幸福科學出版有限公司